쓸 만한 도끼 한 자루
준비합니다

KB192270

쓸 만한 도끼 한 자루 준비합니다

지은이 김명호
펴낸이 임상진
펴낸곳 (주)넥서스

초판 1쇄 발행 2019년 7월 2일
초판 9쇄 발행 2025년 2월 20일

출판신고 1992년 4월 3일 제311-2002-2호
주소 10880 경기도 파주시 지목로 5
전화 (02)330-5500 팩스 (02)330-5555

ISBN 979-11-6165-586-4 03230

가격은 뒤표지에 있습니다.
잘못 만들어진 책은 구입처에서 바꾸어 드립니다.

www.nexusbook.com

교회에 꼭 필요한 **직분자 훈련교재**

쓸 만한 도끼 한 자루 준비합니다

I 김명호 지음 I

넥서스CROSS

좋은 직분자를 세우는 것은,
좋은 도끼 한 자루 준비하는 것과 같습니다!

미국 독립전쟁의 전환점이 된 사라토가 전투(The Battle of Saratoga) 당시, 영국군은 병력이나 화기에서 독립군을 압도하고 있었습니다. 뿐만 아니라 영국군은 제대로 훈련을 받은 정규군이었지만, 독립군은 농부들로 구성된 오합지졸이었죠. 이 전투에 참가했던 독립군은 뉴햄프셔의 대니얼 모건(Daniel Morgan)이 이끄는 소총부대였습니다. 전력 면에서 차이가 너무나 많다는 사실을 알고 있던 대니얼은 부하들에게 다음과 같이 명령했습니다: "일당 6펜스를 벌려고 싸우는 놈들에게 총알을 낭비하지 마라. 견장(肩章)을 찬 놈들만 조준해서 쏴라." 이에 대니얼의 부하들은 그의 명령에 충실하게 따라 장교들에게만 총을 겨눠서 조준 사격을 하였습니다. 전투가 시작된 지 이틀째가 되자, 영국군의 장교 태반이 전사하게 되었습니다. 영국군에게는 많은 병력과 화기 그리고 보급품이 충분했지만, 그럼에도 그들은 결국 독립군에게 항복하고 말았답니다.

교회도 마찬가지입니다. 지도자가 중요하죠. 물론 교회의 머리는 예수 그리스도입니다. 그리고 예수 그리스도께서 친히 자신의 몸된 교회를 다스리시죠. 주님은 교회에 사람들을 세우고 그들에게 은사를 주심으로, 그들이 봉사하고 섬기게 함으로 교회를 다스리시는 것입니다. 그러므로 교회에서 어떠한 사람들이 지도자로 세워지느냐는 정말로 중요합니다. 세움받은 지도자의 수준이 그 교회의 수준을 판가름하기 때문입니다.

그동안 한국 교회는 수많은 지도자들을 선출하고 임직하는 경험을 하였습니다. 그러나 여전히 아쉬운 것은 지도자를 세우기 전, 임직이 결정되기 전에 훈련이 선행되어야 하는데 그렇게 하지 못한다는 것입니다. 신앙의 기초가 제대로 다져졌는지, 그의 믿음이 일상생활 속에 젖어들었는지, 교회 공동체를 향한 비전이 공유되었는지 등 충분한 시간을 가지고 각 사람의 인격과 역량을 검증하고 확인하는 과정이 필요합니다. 만약 그렇지 못했다 하더라도 직분자들이 선출되면, 임직을 준비하는 훈련과정이 반드시 필요합니다. 짧은 기간이라도 다시 한 번 직분자로서의 자세와 책임에 대해 이해하고 자신을 가다듬을 수 있는 시간이 되기 때문입니다.

오늘날 많은 사람들이 직분을 명예로 생각할 뿐, 그 의미를 제대로 알지 못합니다. 직분자로서 어떤 성경적 가치관을 가져야 하는지, 받은 직분으로 무엇을 해야 하는지 깊게 생각하지 못한 채 직분을 받습니다. 이 책은 직분에 대해 가지고 있는 이러한 잘못된 오해들을 풀고, 직분을 받는 것이 무엇을 의미하는지를 바르게 이해할 수 있게 도와줄 것입니다.

교회 지도자들을 나타내는 용어들

교회 지도자들을 세우는 과정에서 우리가 자주 듣게 되는 용어들이 있습니다. 바로 '직분자', '제직', '항존직'이라는 용어들입니다.

'직분자'라는 말은 영어의 'officer'를 번역하면서 붙여진 이름으로, 교회 안에서 일을 맡은 사람들이라는 의미입니다. 그리고 이렇게 일을 맡은 사람들이 모두 모여서 '제직회'가 형성됩니다. 제직회는 장로, 안수집사, 권사, 그리고 서리집사까지를 포함하여 직분을 가지고 있는 모든 사람들이 모여서 교회의 운영에 대하여 의논하는 모임입니다.

물론 교회 안에는 은사에 따라 각자에게 맡겨진 일을 하게 되는 직분자들도 있습니다. 에베소서 4장 11절을 보면 사도, 선지자, 복음 전하는 자, 목사, 교사가 나옵니다. 이들은 모두 각자에게 주신 은사에 따라 맡겨진 사역을 하는 직분자들입니다. 또한 성경은 장로와 집사에 대해서도 설명합니다.

직분은 기능적인 직책입니다. 성경은 믿는 성도인 우리 모두가 차별이 없다고 선언하죠. 우리는 모두 왕 같은 제사장입니다. 하나님 앞에서 동일한 제사장들인 것입니다. 하지만 만인제사장을 주장한다고 해서 직분의 구별이 없다는 것은 아닙니다. 주신 은사에 따라 맡겨진 일과 직분은 차별이 있지요. 그러나 이 차별은 높고 낮음과 우열을 가리키는 것이 아닙니다.

일반적으로 우리는 서리집사가 안수집사가 되고, 또 장로가 되는 것을 마치 세상의 승진처럼 생각합니다. 이는 아마도 유교적인 서열의식이 교회 안에 뿌리 깊게 작용했기 때문이 아닌가 합니다. 그러나 성경은 이런 위계적 원리를 가지고 직분을 설명하지는 않습니다. 그저 직분을 맡은 자들은 각자에게 주어진 임무에 따라 교회를 잘 섬겨야 할 뿐입니다.

직분과 함께 늘 따라다니는 용어가 하나 있습니다. 바로 '항존직'이라는 말입니다. 많은 사람들이 항존직에는 임기가 없다고 생각합니다. 한국 교회에서는 한 번 임직하면 평생 그 직분을 가진다고 받아들여서 종신직과 같은 의미로 받아들이죠. 그래서 항존직에 정년을 두거나 임기제를 두는 것에 대해 매우 껄끄럽게 바라봅니다. 하지만 항존직이라는 것은 그런 의미가 아닙니다.

항존직은 '교회에 항존하는 직분'이라는 뜻입니다. 성경에 명시된 목사, 장로, 집사와 같은 직분을 가리킵니다. 이 직분은 지상 교회에 항상 필요하고, 반드시 있어야 된다는 의미입니다. 즉, 항존직에 임기가 없다고 생각하는 것은 그릇된 것입니다.

쓸 만한 도끼 한 자루 준비합니다

쓸 만한 도끼 한 자루 준비하는 것 같은

도끼 이론은 파이디온 선교회에서 다음세대 사역자들을 키워내기 위해 설립된 '바나나 농장'에서 사용했던 개념입니다. 당시 양승헌 목사님은 이름도 이상한 '바나나 농장'이라는 교육과정에 참여하는 전도사들에게, 작은 도끼가 달린 열쇠고리를 나눠주면서 이 개념을 잊지 않게 하였습니다. 오늘날까지도 잊지 않도록 도와주었던 그 도끼 이론을 가지고, 저는 임직을 준비하는 모든 분들에게 이렇게 전하고 싶습니다.

"좋은 직분자를 세우는 것은, 좋은 도끼 한 자루 준비하는 것과 같습니다."

고대부터 사용되어 오던 도끼는 연장 혹은 무기의 일종으로, 주로 나무를 자르기 위한 용도로 사용되었습니다. 이 도끼가 제 역할을 하기 위해서는 몇 가지 요소가 필요합니다.

첫째, 도끼머리의 크기가 사용할 용도에 맞아야 합니다.

통나무를 자르는 것과 장작을 패는 데 사용하는 것이 같을까요? 아닙니다. 통나무를 자를 때에는 머리의 폭이 좁은 도끼를 사용해야 합니다. 반면 장작을 팰 때에는 쐐기모양의 넓은 머리를 가진 도끼가 필요하죠. 즉, 도끼머리의 크기는 자르려는 나무의 크기에 따라 달라집니다.

둘째, 도끼의 날도 중요합니다.

날이 무디면 나무를 팰 수가 없겠죠. 이에 대해 링컨은 "장작을 패는 데 쓸 수 있는 시간이 8시간이라면, 나는 그중 6시간을 도끼의 날을 세우는 데 쓸 것이다"라고 했습니다. 그만큼 날을 세우는 것이 중요하다는 의미입니다.

셋째, 도끼머리의 무게를 잘 고려하여 선택해야 합니다.

초보자에게는 2.3kg 이하의 도끼머리를 추천합니다. 물론 도끼머리가 무거우면 내려칠 때 더 많은 힘을 받을 수 있지만, 그 무게로 인해 스윙의 정확성을 잃을 수도 있습니다. 결국 자신에게 맞지 않는 도끼머리의 무게는 소용이 없는 것입니다.

넷째, 도끼자루(손잡이)도 중요합니다.

흔들리지 않게, 견고하게 잘 끼워진 자루가 있어야 도끼를 마음놓고 휘두를 수 있기 때문입니다. 뿐만 아니라 자루의 길이도 중요합니다. 사람들은 자루가 길면 더 큰 힘으로 내리칠 수 있을 거라 생각하지만, 실제로는 생각보다 짧은 자루를 가지는 것이 더 낫습니다.

이처럼 도끼 하나를 마련할 때에도 고려해야 할 사항이 많습니다. 하지만 시간을 내서 나에게 딱 맞는 도끼를 찾는다면, 이는 평생 동안 유용하게 사용할 수 있는 도구를 갖게 되는 것입니다.

마찬가지로 직분자로서 자신을 꼼꼼히 점검하며, 직분에 합당한 모습으로 자신을 준비하는 것은 매우 의미 있는 일입니다.

부디, 이 책을 통해 하나님 마음에 합한 직분자로 세워지는 데 작은 도움이 되면 참 좋겠습니다. 나아가 이 책을 통해 배운 내용을 평생 잊지 않고 매순간 훈련함으로 주님이 기뻐하시는 이 시대의 진정한 교회의 지도자들이 되시길 소망합니다.

대림교회 목양실에서
김명호 드림

차례

PART
I

도끼머리의 크기:

본질과 비전

"내가 너희에게 분부한 모든 것을 가르쳐 지키게 하라

볼지어다 내가 세상 끝날까지 너희와 항상 함께 있으리라 하시니라"

_마태복음 28:20

도끼머리의 크기는 용도에 따라 달라진다. 통나무를 자를 때에는 폭이 좁은 것을, 장작을 팰 때에는 쐐기모양의 넓은 머리를 가진 도끼가 필요하다. 또한 나무의 크기에 따라서도 도끼머리의 크기가 달라지는데, 이는 손톱만한 도끼를 가지고는 장작을 팰 수 없는 것과 같다. 이처럼 사용 용도에 따라 달라지는 도끼머리의 크기는 직분자 훈련과정에서 '본질과 비전'에 비유할 수 있다.

공동체의 지도자는 본질을 바로 알고 집중할 수 있어야 한다. 위기의 순간에도 사명을 완수할 수 있도록 만드는 것이 바로 '본질'이기 때문이다. 본질을 상실한 사람은 아무 의미도 없는 일에 목숨을 걸고 달려드는데, 그러면서도 진정 자신이 무엇을 하고 있는지조차 모른다. 이러한 문제는 개인뿐만 아니라 조직이나 공동체에서도 종종 나타난다.

20세기 경영의 구루라 일컬어지는 피터 드러커(Peter Drucker)는 "교회가 자기 본질을 벗어났다"고 지적한다. 다시 말해, 놓치고 있는 본질을 다시 붙잡으라는 것이다. 교회는 비즈니스가 아니요, 정부는 더더욱 아니다. 교회는 교회다. 교회가 교회의 본질에 집중해야 비로소 교회라고 말할 수 있다.

오늘날 교회가 교회다운 모습을 잃어가는 것을 많이 본다. 교회가 본질과 다른 목소리를 내고 있기 때문이다. 이것은 결국 교회를 세속화하고 무너뜨린다. 교회가 새롭게 되기 위해서는 거대한 아이디어나 새로운 비전 혹은 사람들에게 매력적으로 보이도록 하는 그 어떤 것에 해결책이 있지 않다. 우리는 교회의 본질로 되돌아가 주님께서 주신 사명을 잘 감당해야 한다.

교회의 지도자로 부름받은 자들은 하나님께서 우리를 교회라는 공동체로 부르신 본질적 소명이 무엇인지를 바르게 알아야 한다. 위기에 처한 교회가 다시금 교회다워질 수 있는 길은, 본질을 다시 붙잡는 것뿐이다. 또한 하나님께서 우리를 통해 이 땅에서 하시려는 일들이 무엇인지를 바로 깨달아 그 가운데 각자 자신의 맡은 바 역할을 잘 감당해야 한다.

🖋 교회는 교회다워야 한다. 그렇다면, 당신이 생각하는 교회의 본질은 무엇이라 생각하는가? 더불어 이 장이 끝날 때 교회의 본질에 대한 정의와 당신의 생각이 어떻게 달라졌는지 비교해보면 좋을 듯하다.

《하프타임의 고수들》(국제제자훈련원)이라는 책을 보면, 저자 밥 버포드(Bob Buford)는 플로리다에서 열리는 개 경주 이야기를 소개한다. 사람들은 전기로 움직이는 장난감 토끼를 잡아오도록 개를 훈련시키고, 그러한 개들을 데리고 경주를 시킨다. 어느 날 밤, 장난감 토끼가 고장 났고 개들은 토끼를 붙잡았다. 그런데 이 개들은 정작 토끼를 잡긴 했지만 그걸로 무엇을 해야 할지를 몰랐다. 이 이야기를 통해 우리는 본질이 왜 중요한지, 본질을 잃었을 때 어떤 문제가 발생하는지를 깊이 생각해볼 수 있다. 이 문항과 함께 다뤄보면 좋을 듯하다.

본질에 입각한 비전은 우리의 삶을 불태울 수 있을 만큼의 무한한 에너지를 제공한다. 우리로 하여금 흥분하게 하고, 그 비전을 향해 지치지 않고 전진할 수 있도록 만든다. 적당한 선에서 만족하지 않고 탁월한 결과를 이끌어낼 때까지 말이다. 우리는 넬슨 만델라(Nelson Mandela)의 삶을 통해 이 사실을 확인할 수 있다.

1994년 5월 10일, 소몰이꾼 넬슨 만델라가 남아프리카 공화국의 대통령이 되었다. 1956년에 반역죄로 기소된 이래 그는 은신과 체포 그리고 죄수로 살아가는 삶을 반복하다가 1990년 2월 11일에 석방되었다. 그리고 마침내 그의 꿈이 이루어진 것이다.

그는 평생 백인 지배계급과 흑인 지배계급에 저항하며 살았다. 그가 품은 꿈은 민주적이고 자유로운 사회였다. 그 안에서 모든 사람들이 동등한 기회를 가지고 조화롭게 살아가는 그런 사회를 꿈꿨다. 그는 자신의 이러한 비전을 위해 기꺼이 목숨을 바칠 준비도 되어 있었다.

✒ 교회의 지도자로서 당신에게는 교회를 향한 어떠한 비전이 있는가? 직분을 받았을 때, 하나님께서 당신에게 주신 비전은 무엇인지 자세히 적어보라.

교회의 지도자로 세워진 당신은 더 이상 '개인'이 아니다. 우리 교회에 주신 공동체 비전 가운데 구체적으로 당신의 은사에 합당한 비전은 무엇인지 찾아 실행해야 한다.

본론으로 들어가기 전, 미국의 인권운동가 마틴 루터 킹(Martin Luther King) 목사의 연설을 함께 읽어보자.

나에게는 꿈이 있습니다. 언젠가는 조지아의 붉은 언덕 위에서 노예들의 후손과 노예 소유주들의 후손이 형제처럼 식탁에 함께 자리할 수 있을 것이라는 꿈이 있습니다. 나에게는 꿈이 있습니다. 불의와 억압의 열기로 찌는 듯한 미시시피조차도 언젠가는 자유와 정의의 오아시스로 거듭날 수 있을 것이라는 꿈입니다. 나에게는 꿈이 있습니다. 나의 네 어린아이들이 언젠가는 그들의 피부색이 아닌, 그들의 인격과 소양에 의하여 평가되는 그런 나라에서 살게 될 것이라는 꿈을 가지고 있습니다. 나에게는 꿈이 있습니다. 언젠가는 사악한 인종차별주의자들이 있는 알라바마에서, 연방정부의 법과 조치를 따르지 않겠다는 발언을 내뱉는 주지사가 있는 알라바마에서, 언젠가는 흑인 소년소녀들이 백인 소년소녀들과 형제자매로서 손을 잡고 뛰어놀 날이 있을 것이라는 꿈이 있습니다. 나에게는 꿈이 있습니다. 언젠가 '골짜기마다 돋우어지며 산마다, 언덕마다 낮아지며 고르지 아니한 곳이 평탄하게 되며 험한 곳이 평지가 될 것이요 여호와의 영광이 나타나고 모든 육체가 그것을 함께 보리라'는 꿈이 있습니다.

_ 마틴 루터 킹

01
하나님 나라

우리는 예수님을 믿고, 오직 그분만을 따라가는 자들이다. 예수님께서 십자가에 죽으시고 다시 부활하심으로, 죽을 수밖에 없었던 우리를 다시 살리셨기 때문이다. 그런 주님이 우리에게 가르치신 내용의 핵심은 '하나님 나라'이다.

지금까지 대부분의 사람들은 성경의 중심 주제를 언약의 성취로만 보는 경향이 많았다. 물론 언약의 성취는 중요한 개념이다. 성경은 구약과 신약으로 나뉘고, 구약과 신약을 관통하는 통일성이 있는데 그것이 바로 '언약'이기 때문이다. 그리고 이러한 언약이 역사 속에서 점진적으로 발전해오고 있다고 보는 관점이 '언약의 성취'이다. 하지만 이 언약의 성취 개념이 성경의 중심을 꿰뚫는 중심사상이라고 말할 수 없다는 반론도 만만치 않게 제

기되어 왔다. 언약까지 아우르는 더 큰 주제가 성경에 나타나 있기 때문이다. 그것이 바로 '하나님 나라'이다.

🖋 성경을 보는 두 가지 관점, '언약의 성취'와 '하나님 나라'에 대하여 정리해보라.

지금까지 성경을 보는 지배적인 관점은 '언약의 성취'였다. 그러나 언약의 성취까지 아우를 수 있는 더 큰 관점이 '하나님 나라'의 관점이다. 당신은 앞으로 성경을 읽을 때 '하나님 나라' 관점으로 보기 위해 어떠한 노력이 필요할지 함께 생각해보라.

하나님 나라 = 천국? NO!

'하나님 나라'란 말 그대로 하나님께서 다스리시는 나라를 뜻한다. 예수님께서는 자신이 이 땅에 오심으로 하나님 나라가 임했다고 선포하셨다. 예수님을 통해 하나님의 다스리심이 세상에 드러났다는 말이다. 그러므로 회개하고 복음을 믿으라고 말씀하셨다. 세례 요한도 "회개하라 천국이 가까이 왔느니라"고 전했지만, 예수님의 첫 번째 설교도 회개하고 복음을 믿으라는 것이었다.

'회개'란 마음을 바꾸어 돌이킨다는 뜻이다. 우리를 향해 회개하라는 예수님의 요청은 하나님 나라가 다가왔음을 전제로 한다. 즉 막연히 잘못된 것을 회개하고 돌이키라는 것이 아닌, 하나님 나라가 임박했으니 회개하라는 것이다. 지금 이 순간이 중요한 시점이라는 것을 인식하고 지금까지와는 다른 삶, 하나님께서 다스리시는 삶으로 바꾸라는 말씀이다. 그러므로 예수님께서 권하는 진정한 회개란 하나님 나라 운동에 동참하는 회개다.

우리는 예수님께서 말씀하는 '하나님 나라의 임재'를 바르게 이해할 필요가 있다. 여기서 말하는 '하나님 나라'는 성도가 죽으면 가는 천국이 아니다. 그런데 우리는 오랜 시간 하나님 나라를 천국으로 오해하고 있었다. 왜냐하면 마태가 자신의 복음서에서 하나님 나라를 '하늘나라'로 표현하고, 그리고 그 하늘나라가 번역이 되면서 '천국'으로 기록되었기 때문이다. 그렇다면 마태는 왜 하나님 나라를 하늘나라로 기록했을까?

마태는 "너희가 십자가에 못 박아 죽인 그 예수가 바로 너희가 기다리던 메시야다!"라는 사실을 유대인들에게 전하기 위해 복음서를 기록하였다. 그러다 보니 그는 자신의 복음서를 기록하면서 자연스럽게 유대인들을 배려하여 적었다. 어떻게?

유대인들은 하나님의 이름을 망령되이 부르면 안 된다는 율법을 충실하게 지키는 자들이다. 때문에 누구도 하나님의 이름, '여호와'(야훼)를 부르지 않는다. 하나님이라는 이름 대신 '아도나이'라는 단어를 사용하였다. 성경을 읽을 때 유대인들은 하나님의 이름이 나오면 '아도나이'(주님)로 바꾸어 읽었다. 오늘날 개역개정에서는 '여호와', 개신교와 천주교가 공동으로 작업하여 만든 공동번역에서는 '야훼'라고 번역을 한 부분이다.

이와 같은 맥락에서, 유대인들은 하나님이라고 직접적으로 언급하지 않고 대신에 '하늘'이라고 표현하였다. 예를 들어 탕자의 비유를 보면, 탕자가 아버지 집에 돌아오면서 "내가 하늘과 아버지께 죄를 지었사오니"라고 고백한다. 즉, 하늘이라고 기록해도 유대인들은 하나님이라는 것을 알고 있었다. 그래서 마태가 '하늘나라'라고 기록해도 유대인들은 '하나님 나라'라는 것을 당연하게 알았다.

그러나 문제는 마태복음의 '하늘나라'가 오역되면서 우리에겐 '천국'이 되어 버렸다. 유대인들에게 하나님을 의미하는 '하늘'이 우리나라에 오면서 그저 높고 푸른 하늘이 된 것이다. 뿐만 아니라 '천국'은 이미 오랫동안 한국인의 샤머니즘에 뿌리 깊게 자리하고 있던 천당이라는 개념과 합쳐지면서 천당과 천국을 동일한 개념으로 받아들이게 되었다. 그러나 예수님께서 말씀한 '하나님 나라'는 죽어서 가는 천국을 뛰어넘는 개념임을 우리는 반드시 알아야 한다.

✒ 예수님께서는 자신이 이 땅에 오심으로 하나님 나라가 임했다고 선포하셨다. 이 말씀의 의미를 깊이 묵상하고, 정리해보라.

'예수님께서 이 땅에 오심으로 하나님 나라가 임했다'라는 것은 아담이 사탄에게서 빼앗긴 나라를 사탄의 손에서 되찾는다는 것을 의미한다. 즉, 사탄의 지배 아래 있던 영역이 다시 하나님의 다스림을 받게 되었다는 뜻이다.

하나님 나라에 속한 자의 삶

하나님 나라에 속한 자는 하나님의 다스리심을 받는다. 삶의 전 영역이 주님의 다스리심을 받게 됨을 의미한다. 하나님께서 다스리시는 삶은 세상의 방식과는 다르다. 하나님 나라에 속한 백성들은 세상 사람들과는 다른 방식으로 살아가기 때문에, 세상 사람들의 방식과 갈등을 겪게 되고 불편한 관계를 가지게 된다. 때론 세상 사람들의 방식을 따르지 않기 때문에 불편을 감수할 뿐만 아니라 고난과 핍박도 받는다. 때문에 하나님 나라에 속한 그리스도인은 이 세상에서 전투적인 삶을 살아갈 수밖에 없다.

또한 하나님 나라에 속한 자는 "예수 믿으면 복 받고 만사가 형통하게 된다"는 말에 속지 않는다. 재정적인 축복이나 물질적인 풍성함이 항상 하나님의 뜻이라고 믿는 번영신학의 속삭임은 당장 듣기에는 좋을지 몰라도 잘못된 가르침이다. 예수님을 믿는다는 것은 단순히 착하게, 희생봉사하면서 살아가는 게 아니다. 이 세상의 가치관에 따라 살던 생활 습관에서 하나님의 통치 아래로, 세상 사람들의 눈에는 손해를 보는 것과 같이 보여도 하나님께서 원하시는 것을 선택해 살아가는 것이 진짜 하나님 나라에 속한 자의 삶이다.

때문에 이러한 우리를 보면서 세상 사람들은 당장의 이득을 포기하는 우리를 향해 때론 조롱하고 손가락질도 한다. "예수 믿는 사람들은 왜 저렇게 살까?"라고 말하면서 말이다. 그러나 이런 우리의 결정과 삶의 모습들이 결국 그들에게 영향력을 끼치게 될 때, 하나님 나라가 우리의 삶 속에서 이뤄졌다고 말할 수 있다. 그때 비로소 우리의 직장과 삶의 터전에 하나님 나라가 임했다고 말할 수 있다. 이처럼 신앙생활이라는 것은 교회에서만이 아닌 우리가 일하는 직장과 가정에서도 주님의 다스리심 속에 당당히 살아가는 것이다.

하나님 나라에 속한 자들은 결코 낙심하지 않는다. 우리의 인생에 어려움과 고난이 끊이질 않는다고 해도 말이다. 왜? 우리와 함께하시는 성령님의 인도와 역사가 늘 우리와 함께하시기 때문이다. 하나님 나라는 이미 우리에게 임했다. 하지만 아직 완전하게 임한 것은 아니다. 때문에 성령님은 그 중간에 끼어 살아가는 우리를 매순간 도우신다. 그로 말미암아 우리는 인내하며 소망 가운데 살아갈 수 있는 것이다. 하나님 나라에 대하여 궁금한가? 성경을 보라. 예수님께서는 여러 가지 비유와 말씀을 통해 우리에게 이미 하나님 나라에 대해 설명해 주셨다.

🖋 당신은 번영신학의 속삭임에 넘어가 하나님을 원망해본 경험이 있는가? 아니 아직도 여전히 번영신학의 달콤한 유혹에 당신 자신을 가둬두고, 하나님께서 주실 로또만 바라보고 있는 건 아닌지 돌아보라.

직분자 훈련을 받는 지금까지도 여전히 번영신학의 속삭임 가운데 있는 당신의 모습을 볼 수 있길 바란다. 그건 한국 교회 강단이 지금까지 그리 설교했고, 그리 전도해 왔기 때문이다. 이 시간을 통해 하나님 나라에 속한 자의 삶으로, 하나님께서 온전히 당신을 다스리시도록 돌이켜보라.

하나님 나라와 교회의 개념

하나님 나라는 하나님의 다스리심을 받는 왕국을 말한다. 여기서 '나라'는 어떤 장소에 한정된 것을 의미하지 않는다. 헤르만 리델보스(Herman Nicolaas Ridderbos)는 하나님의 나라가 백성, 영토, 통치를 포함하고 있다고 소개한다. 이러한 요소를 담아서 하나님 나라를 설명하면, 하나님 나라는 하나님께서 그분의 백성을 창조하시고 그분의 통치 영역을 넓혀 나가시는 하나님의 왕권적 통치를 의미한다. 그리고 하나님 통치의 결과로 하나님의 백성이 탄생된다.

예수님께서 메시야로 깨어진 이 땅에 오셨고, 하나님 나라를 선포하셨다. 예수님의 십자가와 부활로 하나님 나라가 시작되었음을 선포하시며, 그 나라로 초청하시는 복음으로 말미암아 하나님의 백성으로 부름받아 예수님의 제자로 보냄받은 이들을 '교회'라고 부른다. 즉 하나님 나라는 교회보다 앞서고, 교회보다 더 포괄적인 개념이다. 하나님 나라와 교회의 관계를 정리할 때, 헤르만 리델보스의 설명은 큰 도움이 된다.

'바실레이아'(βασιλεια, 하나님 나라)는 그리스도 안에서 성취되고 완성되는 하나님의 대구속 사역이며, '에클레시아'(ἐκκλεσία, 교회)는 하나님에 의해 선택되어 부르심을 받고 하나님 나라의 축복을 누리는 백성들을 말한다. 즉 하나님 나라는 온 우주 만물을 포함하여 모든 역사의 완성점을 가리키며, 교회는 이 거대한 드라마 속에서 하나님의 선택과 언약에 따라 그리스도 안에서 하나님 편에 세움받은 백성들을 가리키는 것이다.

그런데 교회가 하나님 나라라는 거대한 드라마 안에서 자신의 역할을 바르게 이해하지 못할 때 문제가 발생하게 된다. 어떻게? 교회 자체가 우상이 되어버리는 것이다. 하나님의 다스림을 잃어버리고 인간의 욕심과 야망으로 교회의 조직을 이끌어가는 것! 그건 더 이상 교회가 아닌 자신만의 거대한 바벨탑을 쌓아버린 것에 불과하다. 오늘날 한국 교회의 위기는 바로 교회가 하나님 나라와 복음에 대한 분명한 이해를 상실했기 때문에 발생하게 된 것이다.

✒ 하나님 나라와 교회의 개념에 대하여 정리해보라.

기회가 된다면, 헤르만 리델보스의 저서 《하나님 나라》(솔로몬)를 읽고 깊이 묵상해보라.

한국 교회는 1970~1980년대에 폭발적인 성장을 경험하였다. 그 바탕에는 '개교회주의'가 있는데, 개교회주의란 교회의 인적 그리고 물적 자원을 개교회의 유지와 확장에 최우선권을 부여하는 목회적 전략과 태도를 말한다. 지금까지 개교회주의는 필요에 따라 융통성을 발휘하며 교회를 부흥하도록 이끈 원동력이었기에, 교회 성장에 지대한 공헌을 한 것은 사실이다. 하지만 개교회주의라는 이기적인 늪에 빠진 한국 교회는 결국 자정능력을 상실하였다. 생명력과 복음전도의 능력을 상실했고, 교회 자체의 성장을 우선시하다가 하나님 나라의 비전까지 잃어버렸다. 교회 자체 또는 교회의 지도자들이 우상이 되어버린 것이다. 세습의 문제가 그에 대한 대표적인 한 예라 볼 수 있다.

세습은 교회 성장을 경험한 교회의 지도자들이 자신이 교회를 이만큼 키웠다고 생각하여, 자신이 이룬 조직과 권력을 남에게 넘겨주지 못하는

데서 비롯된다. 하나님 나라는 보이지 않기에, 자신과 가족의 욕망을 위해 말도 안 되는 논리로 하나님의 교회를 자기 개인의 교회로 생각하여 세습하는 것이다. 온갖 불법과 탈법과 비윤리적인 일도 서슴지 않고 말이다. 솔직히 세습 자체가 문제는 아니다. 십자가의 길, 힘들고 어려운 사명을 세습한다면 누가 뭐라고 하겠는가? 사사 시대처럼 자신이 가지고 있는 권력을 공동체가 아닌 사적인 욕망을 이루는 데 사용하고 있는 것이 문제일 뿐이다.

사사기 8장을 보라. 기드온은 자신이 왕이 되지 않겠다고 그럴싸한 말로 포장하지만, 결국은 왕처럼 살았다. 하나님의 은혜로 이룬 승리를 은연중에 자신의 것으로 둔갑시키고, 그 영광을 가로챘다. 그의 모습은 겸손을 가장한 교만이었다. 하나님을 이용해 자신의 권력을 강화하고, 나아가 자신을 우상화했다. 사사시대의 모습이 오늘 우리의 모습과 같지는 않은가? 하나님 나라의 비전을 상실한 순간, 그 누구라도 빠질 수 있는 위험이다.

마태복음 13장에는 가라지 비유가 나온다. 지상 교회에는 하나님의 아들들과 마귀의 아들들이 섞여 있다. 왜냐하면 지상 교회는 완전할 수 없기 때문이다. 늘 부패할 가능성이 있다. 완전무결한 교회는 있을 수 없다. 이러한 현실 속에서 교회는 끊임없이 갱신되어야 할 숙명을 가지고 있다. 때문에 우리는 개교회주의의 이기적인 틀을 벗어나야 한다. 세상에서도 비난받는 저급한 정치 행태를 교회 안에서 버젓이 저지르면서도 죄의식을 느끼지 못하는 저급한 조직 문화를 벗어나야 한다. 그러기 위해서는 하나님 나라의 비전을 바르게 이해해야 한다.

✒ 하나님 나라의 비전을 상실했을 때의 문제점, 오늘날 한국 교회가 갱신되어야 할 과제가 무엇인지 진단하고 회복 방안을 적어보라.

성경에 나타난 하나님 나라의 비전을 상실했을 때의 모습을 더 찾아보라. 그 후에 한국 교회가 갱신해야 할 것을 구체적으로 살펴보자. 나아가 우리 교회는 하나님 나라의 비전을 바르게 소유하고 있는지 점검해보라.

우리는 교회를 하나님 나라와 동일시했던 중세 교회의 잘못된 전철을 밟아서는 안 된다. 교회는 하나님 나라를 이 땅 위에 드러내는 하나님의 수단일 뿐이다. 교회는 교회를 위해서 존재할 수 없다. 하나님 나라를 위해서만 존재해야 한다.

교회의 지도자들은 하나님 나라 관점에서 교회론을 재정립해야 한다. 개교회주의의 함정에서 벗어나 하나님 나라의 비전으로 교회가 운영될 수 있도록 무장해야 한다. 인간 지도자가 이끄는 교회가 아닌, 하나님께서 다스리는 하나님 나라를 위해 존재하는 공동체가 되어야 한다.

02

이 땅에 보냄받은 교회

하나님께서는 보내시는 하나님이다. 우리를 구원하시기 위해 예수 그리스도를 이 땅에 보내셨고, 우리가 구원을 누리며 살아가도록 하기 위해 성령님을 보내셨다. 보내시는 하나님께서는 우리를 세상에서 불러내어 구원하실 뿐만 아니라 우리를 세상에 보내신다. 즉 모든 성도들은 주님의 보냄을 받은 사람들이다. 때문에 우리는 하나님께서 보내신 곳에서 보냄받은 자로 살아가야 한다. 보냄받은 자로 살아가는 것을 영어로 'missional'이라고 한다.

대부분의 사람들은 missional을 '선교적'이라고 번역하지만, 그렇게 번역할 경우 많은 오해가 생긴다. 해외에 선교사를 파송하고 후원하는 것만이 선교적(missional)이라고 생각할 수 있기 때문이다. 이에 나는 missional을 선교적이라고 번역하기보다는 그냥 발음대로 '미셔널'이라고 하는 것이 더 낫다고 생각한다. 어떤 분들은 미션의 정신, 즉 미션의 얼이라는 뜻으로 '미션 얼'이라고 하지만 이 책에서는 미셔널로 통일하고자 한다.

미셔널 교회의 정의

흔히 '미셔널 교회가 되어야 한다'고 말하면, 교회를 활성화하거나 성장시키는 효과적인 어떤 프로그램이나 방법을 떠올린다. 하지만 미셔널 교회의 본질은 파송하시는 하나님의 사역에 우리가 온전히 동참하는 것을 의미한다. 우리가 세운 아젠다(agenda)에 하나님을 끌어들이는 것이 아니라 오늘이 시대에 역사하고 계시는 하나님의 사역에 우리가 동참하는 것이다. 즉, 우리가 살아가는 모든 일상생활의 영역에서 하나님 나라를 지향하는 것을 의미한다.

2천 년 전, 예수님께서는 우리와 같은 인간의 몸을 입고 유대 땅에서 일하셨다. 지금은 예수님의 몸된 교회를 통해 이 땅에서 일하고 계신다. 우리는 그분의 몸, 즉 교회의 한 지체로서 우리가 거주하며 일하는 지역 사회에서 예수님께서 하셨던 사역을 이어받아 하나님 나라를 이루어나가야 한다. 그러므로 교회는 교회 자체를 향한 이기적인 관심과 활동을 내려놓고, 파송하시는 하나님의 고난에 동참해야 한다.
고난! 하나님께서는 독생자 예수 그리스도를 이 땅에 보내실 때 파송의 아픔을 겪으셨다. 더욱이 아들을 십자가에 희생의 제물로 내어주실 때, 그 고통은 극에 달하셨다. 예수님께서 "엘리 엘리 라마 사박다니"라고 외치실 때 침묵하셨던 하나님 아버지의 고통을 상상해보라. 이처럼 미셔널 교회가 된다는 것은, 단순히 파송을 넘어 교회가 하나님의 고난에 동참한다는 것을 의미한다.

또한 미셔널 교회는 '섬기는 교회'를 말한다. 빌립보서 2장 6절을 보면, "그는 근본 하나님의 본체시나 하나님과 동등됨을 취할 것으로 여기지 아니하시고"라고 말씀한다. 예수님은 하나님이다. 그러나 그분은 이 땅에 우리와 같은 육신을 입고 오셔서 종의 형체를 가지고 사셨다. 뿐만 아니라 종으로 엎드려 제자들의 발을 씻기는 자리까지 내려가셨다. 즉, 미셔널 교회란 주님의 종된 삶을 따라가는 것을 의미한다.

예수님께서는 제자들에게 "아버지께서 나를 보내신 것 같이 나도 너희를 보내노라"고 말씀하시며 파송하셨다. 성령 안에서 세워진 교회는 예수님처럼 계속해서 하나님의 사람들을 파송해야 한다. 교회 자체의 편안함과 풍족함을 내려놓고 파송해야 하는 것이다. 개척한 지 얼마 안 된 안디옥 교회가 바울과 바나바를 선교사로 파송할 때처럼, 우리의 불편함과 고통을 감수하며 파송하는 미셔널 교회의 정체성을 회복해야 한다.

✒ 미셔널 교회에 대하여 정리해보라.

오늘날 한국 교회의 위기는 교회의 본질을 회복시키는 기회가 될 것이다. 그러기 위해서는 이 땅에 보냄받은 교회로서의 정체성을 다시금 찾아야 한다. 미셔널 교회에 대하여 정리한 후, 우리 교회는 미셔널 교회로서 어떻게 주님의 사명을 감당하고 있는지 돌아보라.

교회의 사도성

우리는 교회의 본질에 대해 말할 때, 일반적으로 거룩함(聖性), 하나의 통일성, 보편성, 그리고 사도성(使徒性)으로 나누어 살펴본다. 한국 교회는 물론 종교개혁자들도 그랬다. 문제는 마지막에 언급한 '사도성'인데, 이는 아직도 신학적으로 논란의 여지를 안고 있다. 개혁주의 신학자들이 이것을 몹시 소극적으로 다루고 있는 것만을 보아도 쉽게 알 수 있다. 대표적인 루이스 벌코프(Louis Berkhof)의 경우, 교회의 네 가지 속성 중 사도성은 유일하게 이름만 올려놓고 자세히 다루지 않았다. 왜? 바로 로마가톨릭교회가 이 사도성을 악용했기 때문이다. 로마가톨릭교회는 베드로가 그리스도의 대리자요, 베드로는 그 권한을 로마의 교황에게 양도했다고 가르쳤다. 그러나 로마가톨릭교회가 사도성을 악용하였다고 하여 그것이 가지고 있는 성경적 의미와 가치마저 포기해서는 안 될 것이다.

> 너희는 사도들과 선지자들의 터 위에 세우심을 입은 자라 그리스도
> 예수께서 친히 모퉁잇돌이 되셨느니라_에베소서 2:20

'사도성'이란 교회가 사도들의 터 위에 세워졌다는 것을 말한다. 예수님께서 그의 사도들을 세상에 보내시고, 그들의 터 위에 그의 몸된 교회를 세우셨다는 데서부터 시작하는 것이 사도성이다. 1980년대에 옥한흠 목사는 한스 큉(Hans Kung)의 교회론을 읽다가 사도성이 전 교회에 계승되고 있다는 그의 주장에 큰 깨달음을 얻어 제자훈련 운동을 시작하였다. 그것은 곧

모든 교회의 지체들이 그리스도의 말씀을 바로 깨닫고, 그 사역을 계승하는 것이 바로 사도직의 계승이라는 확신에서였다.

오늘날 교회는 사도들이 기록한 성경 말씀을 받아들이고 있다. 그 말씀대로 믿음을 소유한 자들에게 세례를 주며, 그 말씀대로 순종하는 자들을 일컬어 그리스도인이라 부른다. 이런 의미에서 모든 성도들은 사도들의 계승자인 것이다. 사도들을 계승하는 자는 소수 개인이 아닌 전(全) 교회다. 교회는 누구나 구별 없이 하나님의 부름을 받은 백성들로 구성되었기에, 사도들의 계승자가 되기 위해 어느 한 사람이나 특정 그룹이 나설 수 없다. 성직자나 평신도를 가릴 것 없이 교회에 소속된 모든 성도들이 그 계승자로서 자격을 가지는 것이다.

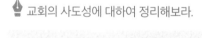 교회의 사도성에 대하여 정리해보라.

교회의 사도성을 정리한 후, 사도행전 2장을 깊이 묵상하라. 그리고 그곳에 나타난 '각 사람'에게 성령님께서 임하신 목적에 대해서도 생각해보라.

마지막으로, 가톨릭 신학자 한스 큉은 "교회는 어느 시대나 그 시대의 역사적 상황이 만든 자기 이미지를 가지고 있다"고 말한다. 그에 의하면, 신약성경이 기록될 당시의 초대 교회는 전투적인 자기 이미지를 가지고 있었다. 이교적인 로마제국의 통치 아래 있었기에 생사를 건 투쟁 속에서 신앙을 지켜야만 했기 때문이다. 그러다가 콘스탄틴 황제의 기독교 공인으로 교회는 화해적 이미지를 갖게 되었고, 5세기 이후 교회는 점점 세상과 동화적인 이미지를 형성하게 되었다. 세상과 교회가 점점 구별이 없어졌다. 그렇게 천 년을 지내다가 16세기 종교개혁을 통해 세속적인 교회에서 순수한 교회로 지향하는 분리적인 이미지를 비로소 갖게 되었다. 그렇다면 오늘날의 교회는 어떤 이미지를 가지고 있는가?

한국 교회는 초대 교회와 같이 세상과 투쟁하는 관계에 놓여 있다고 볼 수 있다. 그 어느 때보다도 기독교에 대한 적대적인 환경에 둘러싸여 있다. 인터넷에는 기독교를 개독교라 부르며 적대적으로 대하는 사람들의 악플로 가득하다. 이런 관점에서 교회는 모든 평신도들이 사도들처럼 세상으로 보냄을 받은 소명자라는 인식을 가지고 그리스도인의 삶을 살아내도록 훈련해야 한다. 사도적 교회로 변화되어야 하는 것이다. 그러나 아쉽게도 많은 교회가 예수 그리스도로부터 세상으로 보냄을 받은 소명이 있다는 사실을 강조하지 못하고 있다. 오늘날 우리는 사도들이 경험하고 증언했던 예수님을 믿고 있다. 즉, 소명은 목회자나 선교사에게만 국한된 것이 아니라는 점을 명심해야 한다.

03
그리스도의 몸,
하나님의 가족 공동체

성경은 교회를 가리켜 '그리스도의 몸'이라 한다. 그리고 성도들은 그 몸의 지체라고 한다. 2천 년 전, 예수님께서는 이 땅에 육신의 몸을 입고 오셔서 십자가에서 죽으시고 부활하심으로 구원사역을 담당하셨다. 그리고 지금은 '교회'라는 자신의 몸을 통해 이 땅에서 일하고 계신다. 이를 디트리히 본회퍼(Dietrich Bonhoeffer)는 "예수님께서는 지금 교회로 이 세상에 존재하신다"고 표현하였다.

그리스도의 몸인 교회의 개념에서 가장 중요한 것은, 하나님께서 교회의 머리로 예수 그리스도를 세우셨다는 것이다. 머리는 모든 지체들과 소통하며 각 지체가 해야 할 일들을 알려준다. 즉, 교회는 머리되신 예수 그리스도의 다스림을 온전히 받아야 한다. 예수님께서 교회의 머리되심을 잊어버리면 교회는 본질을 놓치게 된다. 주님이 원하시는 교회가 아닌 내가 원하는 교회로 변질된다. 때문에 교회는 그리스도와 소통하며 그분의 다스림을 받는 것이 중요하다.

그리스도의 몸된 공동체

영화 '토이 스토리'를 본 적이 있는가? 거기에 보면 미스터 포테이토 헤드라는 감자 인형이 등장한다. 이 인형은 충격을 받으면 플라스틱으로 만들어진 눈, 코, 입, 그리고 팔다리가 모두 몸에서 튕겨져 나온다. 그리고 분리된 신체들이 다시 자리를 잡다 보면, 눈에 입이 들어가고 코에 귀가 붙어있기도 한다. 생각만 해도 우습지 않은가? 이처럼 각 지체가 자기 자리에 붙어 있지 않으면 제 기능을 할 수 없을 뿐만 아니라 웃음거리가 된다. 교회도 마찬가지다.

하나님은 주님을 교회의 머리로, 성도들을 교회의 각 지체로 부르셨다. 그리고 각각의 지체들이 자신의 자리에서 각자의 역할을 잘 감당하길 원하신다. 어떤 사람은 튼튼한 다리의 역할을, 어떤 사람은 입의 역할을, 어떤 사람은 귀의 역할을 말이다. 그리고 그 역할을 잘 감당하라고, 연약한 지체를 도와주라고 각자에게 맞는 은사도 선물로 주셨다. 때문에 몸의 지체인 우리는 머리되신 주님의 다스림을 받으며 서로 잘 소통하고 협력해야 한다.

물론 어떤 공동체든지 사람이 모인 곳이기에 갈등이 생기기 마련이다. 그런데 가장 큰 갈등의 원인은 서로가 서로를 인정하지 않는 데서 온다는 것을 아는가? 어떤 지체가 다른 지체를 향해 "넌 필요 없어!"라고 말한다면, 그 몸은 온전할 수가 없다. 또한 지체 간에 우열을 따지거나 서열을 매기려고 해서도 안 된다. 지체 간에는 높고 낮음이 없다. 지체는 서로 다른 기능을 함으로 몸을 이롭게 한다.

한경직 목사는 "아무리 잘 타는 장작불도 하나하나 헤쳐 놓으면 불이 꺼지듯, 교회도 성도들이 많이 모여서 기도하고 찬송해야 힘이 생긴다"고 말씀하셨다. 불속에서 활활 타고 있던 석탄 덩어리도 밖으로 끄집어내면 금세 꺼진다. 즉, 그리스도의 몸 안에서 우리가 하나인 것처럼 모든 성도들은 교회 안에서 사랑으로 하나가 되어야 한다.

그리스도의 몸 안에서 하찮거나 쓸모없는 지체는 단 하나도 없다. 하나님께서는 남들보다 뛰어난 지체만을 사용하시지 않는다. 부족하더라도 몸을 위해 헌신하는 지체들을 더 기뻐하신다. 때문에 자신이 가지고 있는 은사를 가지고 자신의 영광을 구하면 안 된다. 모든 지체는 서로 다른 지체들을 돕고 부족함을 보완해야 한다. 왜냐하면 우리는 함께 모여 한 몸을 이루며 살아가도록 부름을 받았기 때문이다.

> 그가 어떤 사람은 사도로, 어떤 사람은 선지자로, 어떤 사람은 복음 전하는 자로, 어떤 사람은 목사와 교사로 삼으셨으니 이는 성도를 온전하게 하여 봉사의 일을 하게 하며 그리스도의 몸을 세우려 하심이라_에베소서 4:11~12

그러나 우열이 없다고 하여 모두가 동일하다는 뜻은 아니다. 에베소서 4장 11~12절을 보면, 하나님께서는 교회 안에 영적 지도자들을 세우셨다. 그리고 그들로 하여금 성도들이 예수 그리스도의 장성한 분량에 이르기까지 성숙해가도록 돕게 하셨다.

여기서 '온전하게 하다'를 한 영어 성경에서는 'equip'(장비를 갖추다)라는 단어로 기록한다. 무엇을 의미하는가? 성도를 온전하게 한다는 것은, 성도를 훈련하고 무장시킨다는 것을 의미한다. 이처럼 훈련되고 무장된 성도들이 각자에게 주어진 은사에 따라 서로 협력하고 섬기는 일을 하게 하셨는데, 이런 활동을 '사역'(ministry) 또는 '섬김'(diakonia)이라고 한다. 사역은 온전하게 된 성도들이 하는 것이다.

🖊 교회의 머리되신 주님의 다스림 안에서 당신에게 주어진 역할은 무엇이라 생각하는가? 주님의 몸된 공동체, 교회 안에서 당신이 섬겨야 할 부분에 대하여 구체적으로 적어보라.

이는 직분적으로, 은사적으로 살펴볼 수 있다. 참고로, 은사는 하나님께서 주신 선물이다. 교회 안에서 내가 맡은 지체의 역할을 잘 수행하고, 다른 지체 또는 연약한 지체를 섬기라고 주신 것이다. 당신은 주님이 주신 은사로 주님의 몸된 교회 안에서 어떻게 섬길지 다짐해보라.

하나님의 가족 공동체

교회를 그리스도의 몸으로 비유한 것과 함께 깊이 생각해봐야 할 개념이 있는데, 바로 성경에서 교회 공동체를 '가족'(家族)이나 '권속'(眷屬)으로 묘사한 것이다. 그리스도인의 공동체를 '가족'으로 비유한 것은 매우 중요한데, 로버트 뱅크스(Robert J. Banks)는 이러한 부분에서 우리에게 깊은 통찰을 제공한다.

'가족'이라는 개념은 그리스도와의 관계, 즉 하나님과 그리스도인의 관계에 기초한 표현이다. 가족의 머리는 하나님 아버지다. 이에 대한 근거로 갈라디아 4장 6절을 보면, "너희가 아들이므로 하나님이 그

아들의 영을 우리 마음 가운데 보내사 아빠 아버지라 부르게 하셨느니라"고 말씀한다. 때문에 모든 성도들은 자신을 신성한 가족의 일원으로 여겨야 한다. - 로버트 뱅크스

성경은 하나님의 가족 관계가 어떠한 것인지를 보여주는 표현들로 가득하다. 대표적으로 바울은 성도들을 향해 '사랑하는'이라는 표현을 많이 사용했다. 빌립보교회 성도들에게는 "내가 예수 그리스도의 심장으로 너희 무리를 얼마나 사모하는지 하나님이 내 증인이시니라"고 고백하였다. 가장 문제가 많았던 고린도교회 성도들에게는 "나의 사랑이 그리스도 예수 안에서 너희 무리와 함께 할지어다"라고 고백했고, 갈라디아교회 성도들에게는 "너희가 짐을 서로 지라 그리하여 그리스도의 법을 성취하라"고 권면하였다.

사실 사도 바울 이전에는 그와 같이 '가족'이라는 공동체 개념을 보편적으로 사용하지는 않았다. 구약 성경을 살펴보라. 이스라엘을 하나님의 가족이라고 적극적으로 표현한 곳이 있던가? 그러나 바울은 교회 지체들 간의 관계를 '가족'이라고 표현하였다. 뿐만 아니라 교회라는 용어를 개인 후원자가 제공하는 장소인 '집'(오이코스)과 연관하여 그 집에 모이는 가족 공동체를 '권속'이라고도 불렀다. 당시 집이라 함은, 예수 믿는 사람들이 회당에서 모이기 힘들어진 이후에 만날 수 있는 최적의 장소였다.

나아가 바울은 어떤 지역과 도시를 중심으로 하여 모인 공동체를 언급하면서도 '가족'이라는 공동체 개념을 사용하였다. 왜냐하면 그는 예수 믿는 사람들의 유대관계를 적절하게 표현한 것이 '가족'이라고 생각했기 때문이다. 아쉽게도 시간이 흘러 교회가 제도화됨에 따라 이와 같은 가족 공동

체의 특징은 점차 사라지고 있다. 그 결과 오늘날 교회라고 하면 가정에서 모이는 가족 공동체의 성도들을 떠올리기보다는, 커다란 건물과 순서에 따라 이루어지는 성직자 중심의 예배를 생각하게 되었다.

성경에 나타난 '가족' 또는 '권속'의 예를 더 찾아보라. 그리고 우리 교회는 하나님의 가족 공동체로서의 모습을 어떻게 유지하고 있는지, 나아가 교회 지도자로서 나는 지체들을 하나님의 가족 공동체로서 어떻게 섬기고 있는지를 돌아보라.

하나님의 가족 공동체로서 우리 교회의 '과거-현재-미래'를 나눠 살펴보면 좋을 듯하다.
분명 교회마다 과거에 비해 현재에는 가족 공동체로서의 모습이 많이 약화되었을 것이다.
이를 통해 미래를 예측하고, 어떻게 가족 공동체로서의 모습을 다시금 회복할 수 있을지를 고민해보라.

진정한 소그룹이란?

제도적 교회로서의 한계를 극복하고, 교회의 본질을 회복하기 위해서는 교회 안에 소그룹을 활성화할 필요가 있다. 그러나 한국 교회는 이미 소그룹으로 형성되었음을 아는가? '구역' 또는 '속회'라고 불리는 제도가 바로 오늘날의 소그룹이며, 이는 한국 교회 가운데 이미 오래전부터 정착되어 있었다. 하지만 이러한 소그룹 제도가 소그룹다운 영향력을 끼치지 못하고 한낱 제도로 명맥만 유지해오다가 최근 들어 많은 교회들이 다시금 소그룹의 중요성을 인식하여 소그룹 운동의 대열에 끼어들기 시작했다. 왜냐하면 단순히 일주일에 몇 번 대그룹으로 모이는 예배만으로는 교회의 본질인 하나님의 가족 공동체를 충분히 경험할 수 없기 때문이다.

하나님의 가족 공동체로서 하나님 나라를 실현하는 미셔널 교회로 거듭나기 위해서는, 한 사람도 소외당하지 않고 가족으로서 사랑을 경험할 수 있는 소그룹 현장이 확보되어야 한다. 사람의 내면을 세심하게 살피고 돌보는 일은 대그룹에서 불가능하기 때문이다. 함께 울고 웃으며 어깨동무하고 나란히 나아갈 수 있는 곳, 그리고 그 가운데 위로를 경험하고 치유를 체험할 수 있는 것은 소그룹에서만 가능한 '진정한 교제'(코이노니아)다. 여기서 진정한 교제란 예수 그리스도로 인해 서로에게 온전히 헌신한다는 의미다. 그런데 왜 한국 교회는 과거나 현재나 동일하게 소그룹을 성공적으로 이끌지 못하는가?

교회 안에서 소그룹 사역의 성공 유무는, 바로 소그룹 지도자의 역량에 달려 있다. 소그룹 지도자들이 어떻게 배출되어 소그룹을 어떻게 이끌어가게 되었느냐에 따라 소그룹 사역의 성패가 좌우된다. 즉 준비가 안 된 소그룹 지도자라면, 그 소그룹은 당연히 실패할 수밖에 없다. 왜냐하면 지도자의 한계가 결국 소그룹의 한계로 드러나기 때문이다.

단순하게 교회의 구조와 조직을 소그룹으로 나누어 놓았다고 하여, 소그룹이 그 역할을 저절로 수행하는 것은 아니다. 오늘날 많은 목회자들이 '셀 목회'나 '가정 교회' 이론을 접목하고 있지만, 여전히 실패하는 이유가 바로 준비되지 않은 평신도 지도자들을 무분별하게 세우고 무조건 그룹만 작게 나누어 놓았기 때문이다.

소그룹을 소그룹답게 이끌어가는 진정한 지도자를 만들기 위해서는, 소그룹 그 자체를 경험할 수 있는 기회가 있어야 한다. 그저 교회를 오래 다녔다고 하여, 또는 단기간 몇 개의 교육을 이수했다고 하여 소그룹 잘 운영을 할 수 있다고 생각하면 오산이다. 사람을 키우는 것은 결코 속전속결로 이뤄지지 않는다.

🖋 당신은 교회 지도자가 되기 전, 어떤 소그룹의 경험을 가지고 있는가? 그 안에서 당신이 치유되고 변화된 사건을 적어보라.

만약 소그룹 안에서 진정한 교제(코이노니아)의 경험이 없다면, 교회 지도자라도 먼저 제대로 된 소그룹의 경험을 가질 수 있길 바란다. 그것이 장기적으로 보았을 때, 당신 개인의 신앙과 교회 전체를 위해 좋을 것이다.

소그룹이 미래 목회의 핵심으로 지목되는 이유는, 소그룹을 통해 삶의 변화가 가장 강력하게 일어나기 때문이다. 남에게 들은 말씀보다 내가 직접 생각하며 고민하는 과정을 통해 찾아낸 말씀은 훨씬 더 기억에 남는 법이다. 즉 소그룹을 통해 함께 귀납법적 성경연구를 하며 그 말씀 가운데 각자의 삶을 내어놓고 함께 토론하며 사랑의 교제를 이루어 나갈 때, 우리의 삶은 말씀으로 온전하게 변화됨을 보게 될 것이다. 이런 면에서 소그룹을 지적인 성장을 목적으로 하는 단순한 성경공부로 오해하지 않길 바란다.

04
건강한 평신도 세우기

건강한 교회의 핵심 전략은 '사람을 세우는 것'이다. 급변하는 사회 속에서 교회가 생존하고 교회답게 영향력을 끼치기 위해서는, 그리스도의 몸된 교회의 지체들이 제 기능과 역할을 성경적으로 회복해야 한다. 결론부터 이야기하면 교역자는 평신도를 발굴해 은사에 따라 사역할 수 있도록 이끄는 리더십을 책임져야 하며, 평신도들은 주님의 몸된 교회의 지체로서 은사에 따른 사역을 책임져야 한다는 것이다.

리스 앤더슨(Leith Anderson)은 평신도 사역을 강조하면서, 평신도들이 무장되고 그들이 리더십을 가지고 제 역할을 감당할 때에 비로소 21세기 교회는 살아남을 수 있을 것이라고 말한다. 그는 건강한 교회들을 분석하면서, 이들에게서 공통적으로 나타나는 요인으로 '리더십'을 지적하였다. 여기서 그가 말하는 리더십이란, 얼마나 많은 사람들이 와서 목회자의 설교를 듣는가를 가지고 평가되는 리더십이 아닌 교회 안에 준비된 평신도가 얼마나 많이 있는가를 가지고 평가되는 리더십이다. 즉, 훈련되고 무장된 평신도 지도자의 수가 얼마냐 하는 것이다.

이처럼 건강한 교회를 세워가기 위해서는 성경적으로 평신도의 역할을 제대로 규명하는 '평신도 신학'이 필요하다. '평신도를 위한(for) 신학'이 아닌 '평신도 (of) 신학'이 필요하다는 것이다. '평신도를 위한(for) 신학'이란 어떤 종류의 신학적 이야기를 평신도들이 알아듣기 쉽고 단순하게 풀어준 것을 말한다. 소위 평신도의 입맛에 맞는 신학을 추구하는 것이다. 그러나 '평신도 (of) 신학'이란 평신도의 성경적 자아상이 무엇이며 교회 안에서의 역할이 무엇인지를 밝혀내고 그렇게 사역하도록 돕는 것을 말한다.

평신도 of 신학

교회가 교회다우려면 평신도들이 건강해야 한다. 교회는 건물이 아닌 선택받은 성도들의 공동체며 세상에서 부름받은 제자들의 공동체이기 때문이다. 물론 그리스도인들은 믿음으로 거듭난 사람들이고 생명의 능력을 소유한 사람들임에 틀림없다. 그러나 훈련되지 않으면 제자다운 삶, 능력 있는 삶을 살아내기가 어렵다. 이러한 사실은 성경뿐만 아니라 우리 삶의 경험을 통해서도 분명히 알 수 있다. 그러므로 말씀과 기도로 성도들을 양육하고 훈련하는 것이 목회의 본질이고 핵심이다.

그러나 평신도들이 자아상을 회복하도록 돕고 그들에게 사역의 장을 열어줌으로, 함께 사역하는 평신도 사역을 실천하는 데에는 생각보다 많은 어려움이 도사리고 있다. 무엇보다 목회자들이 두려워한다. 평신도를 계발하고 그들을 목회의 파트너로 삼게 되면 결국 목회자가 설 자리가 없어지는 것이 아니냐는 것이다. 때문에 많은 목회자들이 사람 키우는 목회에 주저한다. 또한 평신도들은 목회자에 대한 의존도가 높아 사역에 있어서 수동적 태도에 익숙해져 있다는 것도 문제다.

사실 세상 속에서 직업을 가지고 살아가는 평신도가 소명을 잘 감당하려면 헌신과 실천, 희생과 책임이 뒤따라야만 한다. 때문에 목회자는 이들이 주어진 소명을 제대로 감당할 수 있도록 돌보며 훈련해야 한다. 예전과 달리 요즘의 평신도들은 양질의 교육을 받은 사람들이 대부분이다. 때문에 이들에게 자신의 신분이 무엇인지, 그들을 향한 하나님의 비전이 무엇인지를 바로 알게 한다면 그들은 교회와 사회 속에서 엄청난 영향력을 발휘할 수 있을 것이다. 당장은 실수가 있고 부족해 보여도 평신도가 세상을 변화시킨다는 확신을 가질 필요가 있다.

> 그러므로 너희는 가서 모든 민족을 제자로 삼아 아버지와 아들과 성령의 이름으로 세례를 베풀고 내가 너희에게 분부한 모든 것을 가르쳐 지키게 하라 볼지어다 내가 세상 끝날까지 너희와 항상 함께 있으리라 하시니라 _마태복음 28:19~20

마태복음 28장 19~20절은 우리가 잘 아는 것과 같이 예수님의 지상명령이다. 여기서 "제자로 삼아"는 2인칭 복수 명령으로, 오직 이 동사 하나만 사용되었다. 가는 일과 세례 베푸는 일 그리고 가르쳐 지키게 하라는 명령은 제자 삼는 과정으로 나타난다: 첫째, 전도하라. 둘째, 전도된 사람들을 교회 공동체로 안내하고 함께 성장하라. 셋째, 주님께서 우리에게 분부하신 모든 일을 가감 없이 가르치라. 제자 삼으라는 명령은 이러한 모든 과정을 단계적으로 수행하는 것으로 성취된다. 이 본문에 기초하면 제자 삼으라는 것은, 결국 전도해서 교회 공동체의 일원으로 정착하고 말씀에 따라 살아갈 수 있도록 돕는 모든 과정이라 할 수 있다.

평신도와 더불어 동역하는 목회를 위해서는, 성도 한 사람 한 사람을 영적 성장의 단계에 따라 평가하고 다음 단계로 성장할 수 있도록 돕는 '교육 목회'가 절대적으로 필요하다. 그렉 호킨스와 캘리 파킨슨이 쓴 《MOVE 무브》(국제제자훈련원)라는 책을 보면, 'Reveal'이라는 연구 프로젝트를 통해 교회 안에 4단계의 영적 성장의 과정이 있다고 발표하였다: 1단계 그리스도를 알아가는 단계, 2단계 그리스도 안에서 성장하는 단계, 3단계 그리스도와 친밀한 단계, 4단계 모든 것이 그리스도 중심으로 돌아가는 단계이다. 그리고 그들은 각 단계의 사람들에게 어떤 영적 특징이 있는지를 조사하였다.

이러한 영적 성장 단계를 구분 짓는 것은, 요한일서 2장 12~14절에 나오는 아이들과 아비들 그리고 청년들로 구분 짓는 것과 일맥상통한다. 또한 골로새서 2장 7절에서 뿌리를 박고 세움을 받아 굳게 서서 감사함이 넘치게 하는 영적 수준과도 통한다. 즉, 교회는 평신도들을 위해 그들 각각의 영적 성장 단계에서 그다음 단계로 성장해 가도록 돕는 다양한 형태의 목회적 돌봄과 교육이 반드시 제공되어야 한다.

✒ 요한일서 2장 12~14절을 성경에서 찾아 적어보라.

✒ 골로새서 2장 7절을 성경에서 찾아 적어보라.

영적 성장의 4단계

1단계: 그리스도를 알아가는 단계

그리스도를 알아가는 단계에 있는 성도들에게는 '새가족 모임'과 같은 입문 단계의 과정을 통해 그들이 복음을 선명하게 정립할 수 있도록 도와야 한다. 복음은 처음 예수를 믿고 신앙생활을 시작하는 사람에게도 필요하지만, 사실 오랫동안 신앙생활을 한 사람들에게도 필요하다. 형식적이고 피상적인 교회생활에 젖어 있는 사람들이야말로 복음에 무지한 사람일 수 있다. 때문에 이들에게도 다시금 복음을 들려주는 사역이 필요하다. 동시에 교회에 처음 온 사람들에게 담임목사의 목회철학과 교회의 비전을 함께 나누며 공유하는 것도 중요하다. 그러면 그들은 비전과 소망을 가지고 앞으로의 신앙생활에 대해 계획하며 준비하게 된다.

2단계: 그리스도 안에서 성장하는 단계

그리스도 안에서 성장하는 단계에서는 '소그룹 모임'이 중요한 역할을 한다. 그리스도인의 성숙에 있어서 빼놓을 수 없는 것이 바로 공동체 예배와 함께 영적 성장에 지대한 영향력을 끼치는 소그룹이기 때문이다. 구역, 셀, 순모임, 다락방 등으로 불리는 소그룹은 5~10명 정도의 성도들이 매주 정해진 시간에 만나 삶을 나누고 말씀 안에서 교제하는 작은 모임이다. 소그룹을 통해 평신도들은 성도 간의 진한 사랑을 경험하게 되고, 여러 가지 삶의 문제들을 놓고 함께 기도하면서 하나님의 능력을 맛보기도 한다. 때문에 정상적인 신앙생활을 하려면 반드시 소그룹에 소속되어야 한다.

이 외에도 성도들이 삶에서 대면하게 되는 다양한 문제들을 극복하며 균형 있는 삶을 살아갈 수 있도록 돕는 양육 프로그램이 필요하다. 예를 들면 체계적인 성경 지식을 쌓아가도록 돕는 성경공부와 다양한 책별 성경강해 그리고 실습을 통해 전도의 체계적인 훈련을 제공하는 전도폭발, 말씀을 생활 속에 접목할 수 있도록 돕는 큐티학교와 말씀묵상학교, 기도의 능력을 회복할 수 있도록 돕는 도고기도학교, 가정생활을 업그레이드할 수 있도록 돕는 가정생활 세미나와 부부성장학교 등이 바로 그것이다. 또한 결혼, 자녀양육, 건강, 직장생활과 관련된 삶의 다양한 이슈를 가지고 마련된 특강들이 있다.

3단계: 그리스도와 친밀한 단계

그리스도 안에서 성장하는 단계에서는, 마치 어머니가 어린아이를 돌보는 듯한 부드러움이 강조된다. 그러나 그리스도와 친밀한 단계에서는 스스로 영적 삶을 영위해가도록 돕고, 공동체 안에서 리더십을 발휘할 수 있는 지도자로 세워가기 위한 훈련이 강조된다. 이러한 훈련의 궁극적인 목표는 말씀을 통한 삶의 변화를 체험하는 것이다. 때문에 이 단계에서는 스스로가 말씀 앞에 서서 하나님의 음성을 들을 수 있는 귀납적 성경묵상이 중요하다.

교회 지도자들은 평신도들과 함께 성경 말씀의 내용을 발견하고, 그 말씀을 평신도 개개인의 인격과 삶에 적용할 수 있도록 도와야 한다. 말씀에 입각하여 삶을 점검하고, 기독교적 세계관을 구축하며, 개인적인 생활의 습관을 바꾸고, 인생의 목적을 재조정할 수 있도록 돕는 것이다. 평신도들은 이런 과정을 통해 머리에만 들어 있던 성경 말씀을 자신의 몸에 밴 습관으로 바꾸고 건강한 인격으로 승화된다. 뿐만 아니라 각 사람으로 하여금 자신의 삶이 성령님에 이끌려 사는 삶인지 철저하게 점검하는 것도 중요하다. 하나님의 사역자로 부름받았음을 확신하고, 소명자로서 은사에 따라 사역할 수 있도록 무장하는 것이 이 단계의 핵심이라 할 수 있다.

4단계: 모든 것이 그리스도 중심으로 돌아가는 단계

모든 것이 그리스도 중심으로 돌아가는 단계에 있는 사람들은, 지도자로서 사역할 수 있도록 파송받아야 한다. 성장하는 단계에서 이루어지는 훈련을 통해 얻는 가장 분명한 열매는 변화된 성도들의 인격과 삶일 것이다. 그러나 훈련을 통해 개인적인 삶의 변화만을 강조하게 되면, 매우 소극적이고 개인주의적인 성도를 양산할 가능성이 높다. 때문에 훈련받는 과정에서부터 세상에 보냄받은 그리스도의 제자는 은사에 따라 섬겨야 함을 강조해야 한다. 훈련을 받았다면 반드시 섬겨야 한다.

이런 과정을 통해서 세워진 평신도 사역자가 얼마나 되고, 어떻게 섬기고 있는가 하는 것이 건강한 교회의 척도다. 건강한 교회에서는 지도자가 영혼을 돌보는 작은 목사의 역할을 감당하지 못하면 지도자로 인정받지 못하는 풍토를 갖고 있다. 때문에 한 영혼을 끌어안고 씨름한 경험 없이는 평신도 지도자로 세움받기가 어렵다. 이와 같이 목회자의 가슴과 열정을 소유한 평신도 지도자야말로 하나님 나라를 위해 함께 뛸 수 있는 동역자라 말할 수 있다. 그러므로 교회의 지도자로 세워진 사람들에게는 늘 지도자로서의 핵심 역량을 구비할 수 있도록 지속적인 돌봄을 제공해야 한다.

✒️ 지금까지 배운 영적 성장 4단계를 자신의 말로 정리해보라. 나아가 객관적으로 나는 영적 성장 4단계 중에서 어느 단계인지 점검하고, 교회의 평신도 지도자로서 어떻게 더 성장해 나갈지 자세히 적어보라.

우리는 영적 성장 4단계를 통해 자신의 영적 민낯을 마주하게 될지도 모른다. 그러나 두려워하지 마라. 당신 자신의 부족한 점을 깨달았다면, 그건 성장 가능성이 매우 높다는 증거다.

| 쓸 만한 도끼 한 자루 준비합니다

모든 성도들은 하나님께로부터 사역자로 부름받았다. 단순히 목회자들에게 영적인 도움을 받고 소비하는 사람들이 아니라 하나님께서 주신 은사에 따라 하나님 나라를 위해 기여하는 사람으로 부름받은 것이다. 물론 급변하는 세계 속에서 다음세대 성도들은 기성세대 성도들과는 매우 다를 것이다. 그러나 평신도를 깨워 제자 삼는 사역의 본질은 결코 변하지 않는다.

평신도를 깨워 목회의 동역자로 세우는 목회, 평신도들이 예수 그리스도의 장성한 분량에 이르기까지 성장하고 그들이 삶의 현장 속에서 제자의 삶을 살아가도록 훈련하는 목회는 사역의 본질이다. 단순히 목회 스타일이 아니며, 이것은 분명 하나님께서 교회에 주신 명령이기도 하다. 즉, 한 교회를 교회답게 존재하도록 만드는 본질인 것이다.

성도들 개개인의 영적 성장 수준에 따라 영적 필요를 채워주고 목회자와 함께 영혼을 책임지며 목양에 동역할 수 있는 지도자로 세워갈 수 있는, 건강한 교회로 발돋움할 수 있기를 바란다.

05
하나님의 다스림이
확장되는 방식

공원을 나가 보면 물을 힘차게 내뿜고 있는 분수를 종종 보게 된다. 정말 한여름에 마주하는 분수는 보는 이의 마음까지 시원하게 해준다. 이런 분수들은 다양한 모양과 종류가 있는데, 당신은 혹시 3단으로 이어지는 분수를 마주한 적이 있는가? 맨 꼭대기부터 그 아래 칸으로 물이 흘러넘치고, 또 다음 칸으로 물이 흘러넘치는 분수 말이다. 이런 분수의 모습을 통해 나는 하나님 나라의 백성으로 살아가는 우리에게 하나님의 다스리심이 어떻게 이뤄지고 있는지를 깨닫게 된다.

예수님께서 열두 제자를 부르신 목적

마가복음 3장 13~15절을 보라. 여기에는 예수님께서 열두 제자를 부르신 목적이 분명하게 나와 있다.

> 또 산에 오르사 자기가 원하는 자들을 부르시니 나아온지라 이에 열둘을 세우셨으니 이는 자기와 함께 있게 하시고 또 보내사 전도도 하며 귀신을 내쫓는 권능도 가지게 하려 하심이러라 _마가복음 3:13~15

우리는 이 말씀을 통해 예수님께서 열두 제자를 부르신 세 가지 목적을 볼 수 있다. 첫째는 제자들 각자가 예수 그리스도와 함께 있으면서 그리스도가 누구신지를 알게 하고, 둘째는 그분과 깊이 있게 사귀도록 하기 위함이었다. 그리고 셋째는 제자들을 세상에 보내어 '어떤 사명'을 감당하도록 하기 위함이었다. 여기서 '어떤 사명'은 전도와 귀신을 내어 쫓음으로 볼 수 있다. 이처럼 예수님께서는 열두 제자를 부르시고, 그들과 함께하시면서 그들로 하여금 자신이 누구인지를 알게 하셨다. 뿐만 아니라 그들을 파송하고, 전도도 하게 하셨다.

예수님께서 열두 제자를 부르신 목적을 오늘 우리에게 적용하면, 우리는 제자 삼는 사역의 중요한 과정이 세 단계로 나타남을 깨닫게 된다. 어떻게? 첫째는 그리스도와 제자들이 함께 있다는 사실을 알게 하신 것처럼, 우리도 하나님과 인격적인 관계를 맺어야 한다는 것이다. 둘째는 제자들이 그리스도와 함께하면서 하나님과의 관계를 세워간 것처럼, 우리도 제자 공동체에 속하며 동거해야 한다는 것이다. 셋째는 제자들을 전도자로 파송하여 사명을 감당하게 하신 것처럼, 우리도 복음 전하는 사명이 있어야 한다는 것이다.

> 예수께서 나아와 말씀하여 이르시되 하늘과 땅의 모든 권세를 내게 주셨으니 그러므로 너희는 가서 모든 민족을 제자로 삼아 아버지와 아들과 성령의 이름으로 세례를 베풀고 내가 너희에게 분부한 모든 것을 가르쳐 지키게 하라 볼지어다 내가 세상 끝날까지 너희와 항상 함께 있으리라 하시니라 _마태복음 28:18~20

이 말씀은 '제자도'를 의미한다. 제자도의 첫 번째 요소는 그리스도께서 '하늘과 땅의 모든 권세를 받으신 분'(공간의 주님)이라는 것, 동시에 '세상 끝날까지 항상 함께하시는 분'(시간의 주님)이라는 것이다. 즉, 각 개인에게 공간과 시간의 주님으로 항상 함께하신다는 말씀이다.

제자도의 두 번째 요소는 "너희"라는 2인칭 대명사로 표명되는 제자 공동체에 대한 것이다. 제자들이 받은 대위임은 제자 각 개인과도 연관이 되지만 무엇보다도 하나의 팀, 그룹, 공동체로서 받은 것이다. 즉 말씀을 받는 제자 공동체가 있었다. '세례를 베풀라'는 명령은 제자 공동체의 일원이 되고, 함께 교제하는 것을 보여준다.

제자도의 세 번째 요소는 '제자 삼으라'는 사명에 관한 것이다. 제자 삼는 방편은 "가서"라는 동사로 표현된다. 보통 세상에 대한 사명은 예수님께서 '보내시는' 각도에서 묘사되지만, 이 구절에서는 사명을 받은 자가 주체로 되어 있어 '가다'라는 동사로 표현되어 있다. 제자답게 살 수 있도록 가르쳐 지키게 하는 것도 중요한 사명이다. 즉 제자 삼기 위해 가야 하고, 세례를 베풀며, 지킬 수 있도록 가르쳐야 한다. 그것이 우리에게 주신 사명이다.

✒ 제자도에 대하여 정리해보라.

제자도를 정리한 후, 마태복음 28장 18~20절을 외워보라.

분수의 상단이 넘치면 다음 단을 채우고, 또다시 그 단이 채워져 넘치면 그다음 단으로 흘러넘치게 된다. 우리와 주님과의 관계가 넘치게 되면 교회 공동체로 흘러가게 되고, 그것이 넘치면 세상 속으로까지 흘러가게 되는 것이다. 즉, 예수님께서 우리를 제자로 부르시고 훈련하신 것은 바로 마지막인 세상으로 나가는 단계까지 흘러가도록 하기 위함인 것이다. 때문에 우리는 교회 공동체 안에서만 멈춰 있으면 안 된다.

그러나 아쉽게도 제자훈련을 한다고 하는 교회들을 자세히 들여다보면, 첫 번째 단계에서 만족하여 멈춰 서는 교회들이 의외로 많다. 제자훈련을 통해 개인이 스스로 큐티를 하게 되고, 주님과의 관계를 회복하는 것에만 만족하는 것이다. 주님께서 우리를 부르신 것은 나와 하나님이 죽고 못 사는 관계가 되는 데에서 끝나지 않고 교회 안에서의 관계, 하나님 가족으로서의 형제·자매와의 관계, 교회 공동체를 이끄는 지도자로서의 역할, 내 옆 사람과 더불어 살아가는 것이 동시에 필요함을 잊지 말길 바란다.

예수님의 제자 되기 3단계

1단계: 예수님과의 관계에서 제자 되기

예수님과의 관계 속에서 제자를 만드는 것은 '예배'다. 요한복음 4장 24절을 보면, "하나님은 영이시니 예배하는 자가 영과 진리로 예배할지니라"고 말씀한다. 즉, 예배는 열정과 진리로 예수님을 사랑하는 것을 말한다. 우리가 성경공부를 하는 이유도 하나님을 알고 그분과 인격적인 관계를 맺기 위함이다. 주님이 어떤 분인지, 나를 어떻게 사랑하셨는지, 나를 위해 무엇을 하셨는지를 우리가 알아갈 때 비로소 예배를 드릴 수 있고 헌신할 수 있다. 주님께로의 거룩은, 나실인처럼 하나님께 구별하여 자신을 드린다는 의미다.

'전적인 위탁자'라는 표현이 있다. 이는 주님이 누구신지 알고, 그분께 내 인생을 완전히 내맡기는 것을 의미한다. 주님과 우리의 관계는 이처럼 전적인 위탁자의 관계가 되어야 한다. 제자됨의 핵심은 주님과 우리가 어떤 관계를 맺느냐에 있다. 큐티도 그런 관계를 맺는 도구다. 하나님의 백성으로, 그리스도의 제자로 살아간다고 하면서 주님과 속삭이는 인격적인 사랑의 관계가 없다면 이는 정말 큰 문제가 아닐 수 없다.

2단계: 제자 공동체와의 관계에서 제자 되기

'교제'라는 것은 투명성과 의도성을 갖고 예수님을 믿는 사람들을 사랑하는 것을 말한다. 여기서 '투명성'은 나의 겉과 속을 드러내는 것이며, '의도성'은 어울리는 사람끼리만 어울리는 것을 넘어서는 개념이다. 성경에는 '서로'라는 말이 많이 나온다. '서로 짐을 져라', '서로 사랑하라'는 말씀은 서로를 대할 때 의도성을 가지고 만나라는 뜻이다. 예수님께서는 제자들을 일대일로 만나지 않고 신앙 공동체, 즉 그룹으로 만나셨다. 그리고 그들이 교회가 되었다.

그렇다면, 신앙 공동체를 만드신 예수님의 의도는 무엇일까? 그것은 우리를 세상과 구별하기 위해서다. 주님께로의 거룩은 세상으로부터 우리를 구별한다. 세상의 부정적인 영향으로부터 우리 자신을 분리해 내는 것, 우리 안에 있는 세상의 쓰레기를 걷어내는 작업은 우리가 제자 되는 과정에서 일어난다. 하나님의 다스림이 우리의 관계 속에 일어나면, 우리는 세상 습관을 걷어내고 새로운 습관으로 덧입게 된다.

예수님께서는 제자들이 세상과 구별된 모습으로 살아가도록 훈련하셨다. '훈련'은 훈련받는 사람의 현재 수준에서부터 시작된다. 즉, 신앙의 수준이 낮은 어린아이 같은 성도들에게는 훈련의 눈높이를 조절해야 한다. 어린아이에게는 아이에게 맞는 용어와 표현을 사용해야 하고, 중학생이 되면 또 그들의 눈높이에 맞는 용어를 사용해야 한다. '까꿍', '까까'와 같은 어린아이에게 사용하는 표현을, 중학생에게 사용하지 않는 것과 같다. 훈련을 통해 우리는 성숙한 인격으로 성장해야 한다. 예수님을 닮은 모습이 나타나야 하는 것이다.

갈라디아서 5장에는 사랑, 희락, 화평, 오래 참음, 자비, 양선, 충성, 온유, 절제 등 '성령의 9가지 열매'가 나온다. 성령님이 내 안에 계시고 나를 지배하신다면 반드시 성령의 열매가 나타나게 되어 있다. 열매는 있어도 되고 없어도 되는 것이 아니다. 하나님의 통치를 받는 하나님의 사람이라면, 성령의 9가지 열매를 모두 갖추어야 한다. 성령의 열매가 삶의 열매로 반드시 나타나야 한다.

그러나 성령의 은사는 사람마다 다르다. '나는 왜 저런 은사가 없을까' 하고 고민할 필요가 없다. 왜냐하면 은사는 나의 영적인 수준을 말하는 것이 아니기 때문이다. 즉, 리더십의 은사나 치유의 은사는 있지만 방언의 은사가 없다고 해서 열등감을 가질 필요가 없다. 그냥 주님이 내게 주신 은사만 갖고 살면 된다.

3단계: 세상으로 나아가는 단계에서 제자 되기

예수님과의 관계가 회복되고, 제자 공동체에서 훈련받은 사람들은 세상으로 파송되어야 한다. 선교는 담대한 용기와 정중한 태도를 가지고, 예수님을 모르는 사람들에게 사랑으로 다가가는 것이다. 본회퍼는 '타인들을 위한 삶'을 살아가는 사람을 제자라고 불렀다. 우리는 지금부터 세상에 거룩을 드러내는 제자의 삶을 살아야 한다. 거룩한 그리스도인의 정체성을 세상 속으로 가져가 세상을 변혁(變革) 해야 한다. 하나님은 공동체 안에서 훈련을 통해 새로워진 우리가 세상을 변혁하길 원하신다.

어떤 때는 나가야 한다는 것에 지나치게 사로잡혀 준비도 안 된 사람들을 내보내는 실수를 범하기도 한다. 과거 한국전쟁 때에는 너무 급하다 보니 준비 안 된 중·고등학생들을 학도병으로 전쟁터에 보냈다. 어떻게 총을 쏘는지도 모르는데 무작정 내보낸 것이다. 결국 모두 다 총알받이로 비참하게 죽었다. 마찬가지로 교회도 성도들이 영적으로 준비가 안 되었는데 세상으로 내보내는 경우가 있다. 교회는 세상으로 보낼 사람들을 무장시켜야 한다. 교회 안의 리더들은 훈련을 통해 무장되어야 한다. 그리고 훈련받은 사람들이 사역하도록 해야 하는 것이다. 훈련받은 자들이 교회 안팎에서 영향력을 미치도록 해야 한다.

중요한 것은 파송을 해야 한다는 것이다. 다른 말로 '선교'라고도 표현한다. 우리는 보냄받기 위해 훈련받았다. 우리끼리 즐기기 위해 훈련받은 것이 아니다. 옥한흠 목사는 생전에 교회를 이렇게 정의했다: '세상에서 부름받은 하나님의 백성, 동시에 세상으로 보냄받은 하나님의 일꾼!' 이 두 가지가 함께 있을 때 예배하는 공동체가 된다.

미셔널 교회는 선교를 교회의 여러 사역 중 하나가 아닌 교회 존재 자체로 보는 것이다. 많은 교회가 교회 성장을 추구하고, 선교를 보조적인 사역으로 생각하려 한다. 그러나 선교는 교회 존재의 본질이다. 교회가 존재하는 목적은 바로 하나님 나라가 진보하도록 하는 것이다. 선교는 선택사항이 아니다. 우리는 세상으로 보냄받은 하나님의 백성이기 때문이다.

우리는 매일 내가 살고 있는 삶의 현장에서 하나님의 부르심에 동참해야 한다. 훈련을 받고도 주변 사람들에게 복음을 전하지 못하면, 그것은 훈련을 잘못 받은 것입니다. 제자훈련의 성공 여부는 주변 사람들에게 복음을 전하든지, 아니면 세상 속에 도움이 필요한 사람들에게 도움을 주든지, 문화를 초월해 다른 지역에 가서 복음을 전하든지 등의 실천에 달려 있다.

영국의 윌리엄 윌버포스(William Wilberforce)는 25세에 예수님을 만나 회심한 후, 노예 제도 폐지를 자신의 소명으로 삼았다. 부유한 집안에서 태어난 그는 20대에 영국 의회에 입문할 정도로 미래가 탄탄했다. 그럼에도 그는 노예제도 폐지에 대한 하나님의 부르심에 응답하고자, 55년 동안 자신의 모든 소유와 헌신과 열정 등 모든 것을 드렸다.

🖋 지금까지 배운 예수님의 제자 되기 3단계를 자신의 말로 정리해보라. 나아가 객관적으로 예수님의 제자 되기 3단계 중에서 각각의 단계마다 나의 수준을 점검해보고, 교회의 평신도 지도자로서 어떻게 더 성장해 나갈지 자세히 적어보라.

우리는 예수님의 제자 되기 3단계를 통해 나의 모습을 있는 그대로 진단할 수 있어야 한다.

오늘 우리는 우리 교회와 성도들 개개인이 어느 단계까지 와 있는지를 살펴봐야 한다. 나아가 잘 되고 있는지 또는 잘 안 되는 부분은 무엇인지를 정확하게 진단할 수 있어야 한다. 건강도 수시로 체크해야 하듯, 교회의 상태도 중간평가를 잘 해야 한다.

PART

II

도끼의 날:
기술과 역량

"너희 말을 항상 은혜 가운데서 소금으로 맛을 냄과 같이 하라

그리하면 각 사람에게 마땅히 대답할 것을 알리라"

_골로새서 4:6

도끼의 날은 날카로워야 한다. 항상 날을 잘 세워야 도끼의 기능을 제대로 발휘할 수 있기 때문이다. 링컨은 "장작을 패는 데 쓸 수 있는 시간이 8시간이라면 나는 그중 6시간을 도끼의 날을 세우는 데 쓸 것이다"라고 말했다. 그만큼 날을 세우는 것은 중요하다는 말이다. 이처럼 중요한 도끼의 날은 직분자 훈련과정에서 '사역의 기술과 역량'에 비유할 수 있다.

　직분을 맡은 자는 자신에게 주어진 직분을 잘 감당하기 위해 도끼의 날을 잘 갈아놓아야 한다. 최선을 다해 준비한 기술과 역량을 가지고, 사역의 좋은 결과를 만들어내야 하는 것이다. 주님은 우리의 삶과 사역을 통해 30배, 60배, 100배의 열매를 맺길 원하신다. 그리고 언젠가 우리가 주님 앞에 서서 인생의 결산을 할 때에, 그 열매를 주님께 내어 드려야 한다.

　사역자는 자신이 맡은 사역에 최선을 다해야 한다. 그저 그런 평범한 사역을 해서는 안 된다. 아인슈타인의 말처럼, 평범함이 탁월성의 발목을 잡는 일이 생기면 안 된다는 것이다. 여기서 평범(mediocrity)이란 말은, 높은 산을 올라가다가 산 중턱에 머물러 서서 '이만하면 됐다'고 스스로 만족하며 산 정상에 대한 비전을 포기해 버리는 것을 뜻한다. 그러나 기억해야할 것은, 우리 안에는 하나님께서 주신 탁월함이 잠재되어 있다.

만약 말씀을 전하는 사역자라면 말씀을 제대로 전해야 한다. 변함이 없는 하나님의 말씀을 가지고 사람을 세우는 사역을 감당하려면, 말씀의 날을 날카롭게 세워야 하는 것이다. 즉, 말씀의 달인이 되어야 한다. 표피적인 내용만을 가르쳐서는 안 되고, 말씀에 깊이가 있어야 한다. 어설프게 남의 것을 전하는 것이 아닌 내 삶 속에서 체화된 말씀, 평범을 뛰어넘어 탁월한 사역의 날을 준비해야 한다.

그런데 하나님의 사역을 감당하는 우리가 가장 많이 범하는 실수가 하나 있다. 바로 "여기가 좋사오니~"라고 말하며, 우리가 추구하던 비전과 가치를 너무나 쉽게 포기해 버리는 것이다. 아니, 아예 평범한 삶의 수준으로 우리의 표준을 낮춰 잡는다. 그러나 하나님께서는 우리가 보다 높은 수준의 삶과 사역을 감당하길 원하신다. 하나님의 온전하심과 같이 우리도 온전하기를 요구하시는 것이다.

✒ 누구에게나 한번쯤은 "여기가 좋사오니~"라고 말하며 추구하던 비전과 가치를 쉽게 포기해 버렸던 경험이 있을 것이다. 당신의 삶을 돌아보고, 그러했던 경험을 자세히 적어보라.

지금까지 한국 교회는 "여기가 좋사오니~"라는 것을 겸손의 미덕으로 생각해왔다. 평범과 겸손, 탁월과 교만을 잘 구분하여 문항에 답하라.

"좋은 것은 위대한 것의 적이다"(Good is the enemy of Great)라는 말이 있다. 여기서 '좋은'이란 영어로 'good'이라고 하는데, 이는 평범하고 무난한 수준을 의미한다. 즉, '이만하면 됐지~' 하는 생각으로 더 잘(better), 최상으로(best), 위대한(great) 삶을 살 수 있는 것을 미리 포기하는 경우를 말한다. 그러나 하나님께서는 우리에게 위대한 사명을 맡기셨고, 그 사명을 감당할 능력도 주셨다. 때문에 우리는 '위대한(great)'을 향해 나아가야 한다.

짐 콜린스(Jim Collins)는 자신의 저서《좋은 기업을 넘어 위대한 기업으로》(Good to Great, 김영사)에서, 그저 좋음의 수준을 뛰어넘어 위대함의 수준으로 한 단계 뛰어넘을 수 있도록 돕는 통찰력을 제공한다. 그가 제시한 몇 가지 원리 가운데 하나가 바로 '단계5의 리더십'인데, 이것은 '서번트 리더십'이나 '이기심 없는 경영자'와 같은 용어로도 표현될 수 있는 리더십 최고의 단계를 말한다. 그는 최근 역사 가운데 가장 큰 문제 중 하나가 바로 명성이 화려한 리더를 선택하고 잠재적인 단계5의 리더를 선택하지 않는 것이라고 지적하였다.

당신이 교회 지도자라면, 그의 지적에 귀를 기울일 필요가 있다. 오늘날 이기적인 욕망에 사로잡혀 자신의 이름만 내세우기를 좋아하는, 자칭 지도자들의 신물 나는 행태와 세습 그리고 비리로 얼룩진 교회를 온전히 회복시키기 위해서는 성경 외의 이런 책에도 머리 숙여 배울 수 있어야 한다. 부디, 당신은 평범함에 머물지 말고 탁월함의 수준에까지 오를 수 있길 간절히 바란다.

스포츠계에 기독교인들이 많은 것은 이미 잘 알려진 사실이다. 그중 많은 선수들과 감독들은 득점을 하고 난 후에 무릎을 꿇고 기도하는 장면을 연출한다. 하지만 카메라는 의식적으로 그런 장면을 보여주지 않으려고 애를 써왔다. 마치 못 볼 것을 본 것처럼 빨리 스치듯 지나가 버렸다. 그런데 '박주영'이라는 스타가 등장한 후로는 이런 분위기가 많이 바뀌었다. 무엇을 뜻하는가? 평범하면 거부감이 생기지만, 탁월하면 기꺼이 박수를 보낸다는 의미이다.

🖋️ 당신은 평범함을 넘어 탁월함의 수준에까지 올랐던 경험이 있는가? 당신의 삶에 있어서 가장 탁월했던 순간을 회상하며 그때의 상황을 구체적으로 적어보라.

이 문항과 더불어 당신은 교회의 지도자로서 앞으로 어떠한 탁월함으로 사역할지를 함께 고민해보라.

주님으로부터 직분을 받은 자라면, 반드시 자신이 맡은 일에 최선을 다해 최상의 결과를 주님께 올려드려야 한다. 2장에서는 오늘날 교회 직분자들에게 요구되는 기술과 역량에는 어떠한 것들이 있는지 살펴보고자 한다. 그리고 이를 통해 우리 개개인의 역량이 좀더 단단하게 다져지길 바란다.

01
귀납적 성경묵상의 원리

교회 지도자로서 가장 중요한 기본기는, 매일 지속적으로 하나님의 말씀을 받아 하나님의 다스림을 받는 것이다. 사실 한국 교회 성도라면, 큐티를 해야 한다는 권유를 한 번쯤은 다 받아보았으리라 생각된다. 신앙생활을 오래한 교회 지도자들 가운데는 매일 큐티하지 않으면 뭔가 불안하고 찜찜한 기분까지 든다고 말하는 경우도 있다. 이는 경건훈련 중 하나인 큐티가 한국 교회 성도들의 삶 속에 깊숙이 파고들어 있다는 증거다. 그렇다면 큐티는 무엇인가?

매일 조용한 장소와 시간을 정해 성경 말씀을 묵상하고 삶에 적용함으로 삶의 성숙을 이루고자 하는 경건 훈련을 '큐티'(Quiet Time)라고 한다. 우리가 큐티를 강조하는 이유는, 하나님의 지혜와 총명이 우리에게 충만히 채워져 하나님의 뜻에 온전히 지배를 받기 위해서다. 이건 세상의 논리로 교회를 섬기는 것이 아니라 하나님의 뜻에 따라 교회를 섬겨야 하는 교회 지도자들에게는 반드시 필요한 부분이다.

큐티의 핵심은 '하나님과의 교제'인데, 이를 앤드류 머레이(Andrew Murray)는 다음과 같이 말한다: "하나님의 음성을 듣는 것은 말씀을 깊이 생각하고 연구하는 것 이상의 것이다. 말씀을 연구해서 알고는 있으나 살아계신 하나님과 실제적으로 별로 교제를 나누지 못하는 수도 있다. 그러나 하나님의 목전에서 성령의 인도 아래 말씀을 읽는 가운데, 말씀이 하나님 자신으로부터 살아 있는 능력으로 임하는 경우도 있다. 그것이 바로 아버지의 음성이며, 하나님과의 실제적이고 개인적인 교제이다. 마음에 들어와 축복과 능력을 가져다주며, 하나님의 마음에 되미치는 살아 있는 믿음의 반응을 불러일으키는 것은 하나님의 살아 있는 음성이다."

그런데 큐티할 때 우리가 반드시 조심해야할 것이 있다. 성경 해석에 대한 바른 이해 없이는 자의적 해석을 불러일으킬 수 있다는 점이다. 성경 해석의 원리에 익숙하지 못한 상태에서 성경 구절을 제멋대로 해석하여 실생활에 잘못 적용하고, 심지어는 잘못된 교리를 따라가는 일이 있을 수 있다. 또한 성경 자체 혹은 성경 전체를 하나님의 말씀으로 보는 것이 아니라, 자신의 삶에 직접적인 영향을 끼치는 말씀만을 '하나님께서 나에게 주시는 말씀'이라고 생각하여 그런 말씀만을 중요하게 생각하며 추구하는 경향이 생길 수 있다. 이런 현상은 경건 운동이 내포하고 있는 실존주의적 성향 때문이다.

실존주의란 진리를 기록한 성경을 객관적으로 바르게 해석하지 않고, 개인의 주관적 해석에서 찾으려고 하는 철학적 성향이다. 이는 "객관적 진리가 인간을 살리는 것이 아니라 주체성 내면이 진리다"라고 설파한 실존주의 철학자 키에르케고르(S. Kierkegaard)의 영향을 받은 것이다. 이들은 진리가 객관적일 수 없고 주관적이어야 한다고 말한다. 그래서 말씀을 읽는 사람이 영적인 감동을 받아 그 말씀을 받으면, 그때 비로소 하나님의 말씀이 된다고 주장한다. 이렇게 말씀을 대하는 태도는 자신이 설정한 목적이나 기대에 따라 성경을 해석하기에, 자기만족과 현세적인 성공을 가져다주는 내용만을 하나님의 뜻이라고 생각하는 우를 범하게 된다. 하나님의 음성을 듣고 그 말씀에 순종하기 위한 순수한 목적을 가지고 말씀을 대하는 것이 아니라 성공에 대한 욕구를 가지고 큐티에 임하게 되어 말씀을 남용하기에 이른다.

그러나 이러한 문제점에도 불구하고 큐티는 계속되어야 한다. 이런 문제들을 들춰내며 큐티 무용론을 주장하는 것은, 마치 강단에서 전해지는 설교가 올바른 해석에 기초하지 않고 기복신앙에 빠졌다고 하여 설교 자체를 없애자고 주장하는 것과 같다.

당신은 큐티를 하고 있는가? 큐티를 하면서 자의적으로 해석하여 시험에 빠졌던 경험을 적어보라. 또한 어떻게 극복했는지도 함께 나눠보라.

큐티를 하면서 자의적 해석으로 빠지지 않기 위해, 성경 해석을 할 때 참고하면 좋을 도서들을 함께 공유하라.

교회 지도자들이 자기중심성에 함몰되지 않고 말씀을 대하려면 철저한 교육을 통해 바른 성경 해석의 원리를 익혀야 한다. 바른 해석이 없는 큐티는 자기 욕심과 부합되는 쪽으로 성경을 왜곡시킬 위험성이 있다는 사실을 인정하고, 성경을 바르게 대하는 운동이 필요하다.

옥한흠 목사는 제자훈련 과정에서 D형 큐티라고 부르는 귀납적 큐티를 제안했다. 영적 수준과 환경에 따라 A형에서 D형까지 단계별로 큐티를 할 수 있도록 안내하고자 한다.

큐티의 유형

	내용 관찰	연구와 묵상	느낌	결단과 적용
A형 큐티			O	
B형 큐티	O		O	
C형 큐티	O		O	O
D형 큐티	O	O	O	O

A형 큐티: 느낌

A형 큐티는 말씀에 나 자신을 비추어 보고 느낀 점을 정리하는 매우 간단한 형식의 큐티다. A형 큐티에서는 본문을 읽으면서 마음에 와 닿은 내용을 솔직하게 적어보는 정도면 충분하다. 성경을 천천히 읽으면서 감동이나 느낌이 오는 부분이 생길 때마다 회개한 것, 감사한 것, 찬양한 것 등에 대해 편하게 적어보는 것이다. 그러나 사실 내용 관찰 없이 은혜 받기만을 사모하여 느낌만을 정리하게 되면, 성경을 잘못 이해할 수도 있다는 단점이 있다.

✒ 예레미야 51장 33~37절을 가지고 A형 큐티를 해보라.

느낀 점	

큐티의 유형을 실제로 체험해보면서 A형에서 D형 큐티까지의 차이점을 확실하게 이해해보면 좋을 듯하다.

B형 큐티: 내용 관찰+느낌

B형 큐티는 A형 큐티의 느낀 점만 적는 것에서 발전, '내용 관찰'이 추가된 형태이다. 내용 관찰이란 성경의 본문이 전달하고 있는 사실을 찾아내 본문의 줄거리와 요지를 정리하는 것을 말한다. 내용 관찰은 D형 큐티에서 하는 '연구와 묵상'을 위해 반드시 거쳐가야 하는 과정이기도 하다. 그렇다면, 내용 관찰은 어떻게 하는 것인가?

내용 관찰은 '본문이 무엇을 말하는가'(What do I see?)를 살피는 과정으로, 좀더 세밀하게 3단계로 나눠 이해하면 좋다. 1단계는 전체적으로 관찰하는 단계고, 2단계는 구체적으로 관찰하는 단계다. 그리고 마지막 3단계는 질문을 던지는 단계다.

1단계: 전체적으로 관찰하는 단계

이 단계는 본문을 전체적으로 관찰하는 단계로, 나무가 아닌 숲을 관찰하는 것과 같다. 성경의 본문을 3~4번 정도 반복해 읽고, 본문의 요지가 무엇인지를 한 문장으로 요약하면 좋다. 긴 본문일 때에는 단락을 나누어 각 단락별로 요지가 무엇인지를 요약하고, 그 후에 다시 한 문장으로 정리해보라. 이를 통해 본문의 내용이 어떤 말을 하고 있는지 파악하게 될 것이다.

2단계: 구체적으로 관찰하는 단계

이 단계는 구체적으로 관찰하는 단계로, 숲에 있는 나무를 한 그루씩 자세히 관찰하는 것과 같다. 그만큼 1단계보다 세밀한 과정으로, 관찰을 위한 효과적인 방법들을 사용하여 본문의 내용을 보다 심도 있게 분석하는 단계다. 성경의 본문을 구체적으로 관찰하기 위한 효과적인 방법들은 다음과 같다.

① 육하원칙을 적용하라.

모든 성경의 본문에 육하원칙(5W1H)을 대입하면 좀더 구체적으로 본문의 내용들을 파악할 수 있다. 하워드 핸드릭스(Howard G. Hendricks) 교수는 이 과정을 성경이라는 바다 속에 있는 진리를 건져올리기 위한 '6가지 미끼'라고 설명한다.

② 주어를 파악하고, 동사에 집중하라.

성경의 본문에서 가장 먼저 주어를 찾아라. 지금 말하는 화자가 누구인지를 잘못 오해하면 전혀 다른 뜻으로 해석되기 때문에 주어를 찾는 일은 무엇보다 중요하다. 뿐만 아니라 주어가 인칭대명사로 되어 있을 때에는 전 구절을 소급해서 그 인칭대명사가 누구인지를 확인하는 것이 좋다.

주어를 찾았다면, 이제는 동사에 집중하라. 히브리어와 헬라어로 기록된 성경은 동사가 발달되어 있다. 아마도 성경은 하나님께서 누구시고 그분이 어떤 일을 행하셨는지를 기록한 책이기에 역동적이며 그의 백성들을 위해 움직이시는 하나님의 역사들을 동사로 표현한 것 같다. 때문에 우리는 성경의 본문을 관찰하면서 동사에 집중해야 한다. 가능하다면 동사의 수, 태, 시제 등을 고려하면 더 많은 깨달음을 얻을 수 있다.

예를 들어 제자훈련의 근간이 되는 마태복음 28장 19~20절의 대위임령을 보면, 한글 개역개정 성경에서는 동사가 특히나 많이 사용된 것을 볼 수 있다: 가다, 제자삼다, 세례를 주다, 가르치다, 지키게 하다 등. 그러나 영어 YLT번역 성경을 보면, '제자삼다'라는 동사에 나머지는 다 분사로 되어 있다. 가고, 가르치고, 세례를 주는 모든 행동은 제자를 삼는 방법들을 표현한 것뿐이다. 즉, 이 구절은 전도와 세례와 훈련과 교육과 실천이라는 각 항목을 하나씩 나열한 것이 아니라 '제자를 삼는 것'을 명령하며 나머지 분사형은 제자삼는 과정을 보여준다는 것임을 유의하여 관찰해야 한다.

③ 접속사에 유의하라.

관찰을 효과적이게 하는 도구로 우리는 '접속사'를 살펴야 한다. 접속사는 내용 관찰에 아주 중요한 도구이나 한글 개역개정 성경은 접속사가 명확하지 않은 경우가 많아 사실 쉽지 않다. 아마도 대부분의 글쓰기 책에서 말하는 것과 같이, 접속사가 없으면 없을수록 좋은 문장이라고 생각하기 때문일 것이다. 그래서 나는 내용 관찰 시, 접속사를 살피기 위해 영어 번역본을 함께 보는 것을 추천한다.

예를 들어, 사도행전 1장 8절에 "오직 성령이 너희에게 임하시면"이 나온다. 여기서 "오직"이 영어로 어떻게 번역되었을지 사람들에게 질문하면 대부분이 'only'라고 대답한다. 그러나 한글 개역개정 성경에 이처럼 나와 있는 "오직"은 영어 번역본에 'but'인 경우가 더 많다. 무슨 차인가? 'but'은 역접이나 "오직"은 순접의 경향이 강하다. 즉, 접속사를 잘못 이해하면 전체 문장의 내용이 뒤바뀔 수도 있다는 것을 우리는 알아야한다. 때문에 접속사를 늘 확인하는 것이 중요하다.

④ 인과관계를 살피라.

인과관계를 살피라는 말은 문자 그대로 원인과 결과를 살피라는 이야기다. 하지만 좀더 구체적으로 말하면, 성경의 본문에서 강조되고 있는 것들과 반복되고 있는 것들, 그리고 서로 비슷하거나 상반된 것들, 또 원인과 결과로 이어지는 것들을 모두 총괄한 의미다. 각 단어와 문장도 중요하지만, 문맥 속에서 어떻게 이해하는지를 살피는 과정이다.

⑤ 다양한 번역본(관주성경)을 활용하라.

성경의 본문을 다양한 번역본(관주성경)으로 보는 것만으로도 많은 깨달음을 얻을 수 있다. 이에 다양한 번역본(관주성경)을 활용하면 좋을 듯하다.

3단계: 질문을 던지는 단계

구체적으로 내용 관찰을 하기 위한 도구들을 통해 발견된 사항들을 가지고 무차별적으로 질문을 던지는 단계다. 질문을 던지면서 더 많은 생각이 떠오를 것이다. 이재천 목사는 자신의 저서 《개인 성경 연구 핸드북》(IVP)에서 이러한 과정을 '브레인 스토밍'(Brain storming)이라 말한다. 더불어 반드시 기록할 것을 권유한다. 여러 가지 떠오르는 생각들과 아이디어들을 꾸준히 적어가며 탐색을 하면 예기치 못했던 아이디어들이 분출하는 기쁨을 맛볼 수 있다.

✒ 예레미야 51장 33~37절을 가지고 B형 큐티를 해보라.

내용 관찰	
느낀 점	

C형 큐티: 내용 관찰+느낌+결단과 적용

B형 큐티에서 '내용 관찰'은 성경의 본문에서 '무엇을 보느냐'에 관한 것이었다. '느낌'은 깨달은 진리를 가지고 하나님께 충분히 기도하는 것을 말한다. 말씀읽기와 묵상이 하나님의 음성을 듣는 것이라면, 기도는 내가 하나님께 말씀을 드리는 것이다. 그러므로 말씀묵상과 함께 기도는 짝을 이뤄야 한다. 여기까지 했다면, 당신은 그동안 B형 큐티를 해온 것이다. 그러나 성숙한 큐티가 되려면, 여기에 한 가지 항목이 추가되어야 한다. C형 큐티는 B형 큐티에 '결단과 적용'을 추가한 형태이다.

결단과 적용은 성경을 통해 깨닫게 된 교훈을 나의 삶에 실천하는 것이다. 하나님의 음성을 들었다면, 들음은 언제나 행함으로 이어져야 한다. 때문에 결단과 적용은 태도와 행동의 변화를 계획하고 실천하는 것을 의미한다. 분명 큐티의 핵심은 하나님의 음성을 듣는 묵상에 있지만, 이것으로 큐티가 완성되는 것은 아니다. 큐티의 완성은 들은 말씀을 행할 때 이루어진다. 산상수훈 마지막 부분에 나오는 반석 위에 지은 집과 모래 위에 지은 집을 비교하는 말씀은, 말씀을 듣고 행하는 것이 신앙의 핵심임을 우리에게 가르쳐준다. 그리고 분명 주님은 약속하셨다. 말씀을 듣고 지킨다면 우리가 놀라운 삶을 살게 된다고 말이다. 때문에 큐티는 묵상과 함께 실천이 중요하다.

드와이트 라이먼 무디(Dwight L. Moody)는 성경이 정보(information)를 위해 주어진 것이 아니라 변화(transformation)를 위해 주어진 것이라고 말한다. 또한 하워드 핸드릭스는 성경을 관찰하고 적용을 빼먹는다면, 성경이 주어진 목적에 비추어 볼 때 낙태수술을 가하는 것과 같다고 말한다. 성경은 그저 우리의 호기심을 채우기 위한 연구 대상이 아니다. 우리 삶의 변화를 위해 쓰여진 것이다. 다시 하워드 핸드릭스의 말로 표현하자면 다음과 같다: "성경공부의 궁극적 목적은 내가 성경을 가지고 '무엇을 하는' 것이 아니라 성경으로 하여금 '나에게 무엇을 하도록 하는' 것에 있다. 그렇게 함으로써 성경의 진리가 우리가 살아가는 삶 속에서 눈에 띄게 될 것이다." 그렇다면, 결단과 적용은 어떻게 하는 것인가?

결단은 태도의 변화를 말하고, 적용은 행동의 변화를 말한다. 쉽게 말해, '결단'은 깨달은 진리를 실천할 수 있는 목표를 설정하는 것이다. 잘 설정된 목표는 진리를 추상적인 개념이 아닌, 구체적인 행동으로 보게 한다. 또 자신의 행동에 대해 평가를 가능하게 한다. 다니엘 도리아니는 자신의 저서 《적용, 성경과 삶의 통합을 말하다》(성서유니온선교회)에서 목표를 세우는 것은 성경적인 변화의 과정이며 하나님도 자신의 목적을 가지고 일하시는 분이시라고 말한다.

'적용'이란 결단한 목표를 실천하기 위해 계획을 세우고 행동으로 옮기는 과정을 말한다. 계획은 설정한 목표를 달성해 나가기 위한 구체적은 방법이다. 예를 들어 아이들이 더 사랑하는, 더 좋은 아빠가 되는 것이 목표라면 그 목표를 달성하기 위해 당신은 어떻게 할 것인가? 아마도 아이들이 피자를 좋아한다면, 피자를 자주 사주면서 대화를 시도하겠다는 계획을 세우지 않을까? 이처럼 지속적이고 반복적인 행동을 적용했다면 체크 리스트를 통해 평가하는 것도 좋은 방법이 된다.

✒ 예레미야 51장 33~37절을 가지고 C형 큐티를 해보라.

내용 관찰	
느낀 점	

D형 큐티: 내용 관찰+연구와 묵상+느낌+결단과 적용

마지막으로, D형 큐티는 C형 큐티에 '연구와 묵상'을 추가한 형태이다. 내용 관찰에 이어 연구와 묵상 과정을 거쳐 발견한 진리를 느낌, 결단과 적용으로 이어가는 단계이다. 연구와 묵상은 일반적인 성경연구에서 해석에 해당되는 과정이라 할 수 있다. 성경이 전달하고자 하는 본래의 의미와 메시지를 찾는 것이다. 다시 말해 내용 관찰을 통해 발견된 질문들에 대한 답변을 찾아가는 과정, 즉 자문자답의 과정이라 할 수 있다.

'해석'이라는 과정은 연구와 묵상으로 나눌 수 있다. '연구'는 외적인 노력, 2차 자료를 활용해서 답을 찾는 과정이다. 반면 '묵상'은 내적인 노력, 깊이 생각하면서 본문의 의미 속으로 거룩한 상상력을 발휘하여 들어가는 과정이라 할 수 있다. 결국 D형 큐티의 핵심은 바로 '연구'라는 부분에 있다. C형 큐티의 단점이 자의적 해석일 때, 이것을 보완하기 위해 2차 자료를 활용해 본문의 의미를 명확하게 깨닫고 확인하는 과정을 가지는 것이다.

'묵상'을 통해 질문에 답을 찾으라. 묵상은 연구를 통해 얻은 결과를 다시 생각하는 과정으로, 다음의 세 가지를 활용하면 도움이 된다: ① 본문 속에 나타나는 하나님의 마음은 어떠한가? ② 저자의 마음은 어떠한가? ③ 등장인물의 마음은 어떠한가? 이런 질문들을 통해 깨달은 진리를 마음으로 깊이 느끼는 과정을 우리는 '묵상'이라고 한다. 연구가 없는 상상력은 문제가 되지만, 충실한 연구가 바탕이 된 거룩한 상상력은 성령님께서 역사하실 수 있는 좋은 공간이 된다.

연구와 묵상을 통해 질문에 대한 답을 찾았다면, 우리는 그 답을 보편타당한 신앙의 원리로 기록할 필요가 있다. 왜냐하면 성경은 지금 시대가 아닌 이전 시대에 주어진 하나님의 말씀이기에, 그 진리를 오늘날 우리의 현실에 적용하려면 시대와 문화 속에 내포된 하나님의 원리를 바르게 구분할 수 있어야 하기 때문이다. 이렇게 할 때 당시의 시대적 문화를 적용하는 것이 아니라 보편타당한 원리를 적용할 수 있다. 그러면 이제 연구와 묵상의 내용을 보편타당한 원리로 구분하는 과정을 한번 실행해볼까?

> 시온 딸에게 이르기를 네 왕이 네게 임하나니 그는 겸손하여 나귀,
> 곧 멍에 메는 짐승의 새끼를 탔도다 하라 하였느니라 _마태복음 21:5

이 말씀은 예수님께서 나귀를 타고 예루살렘으로 입성하시는 장면이다. 이때 많은 사람들이 나와 예수님을 향해 호산나를 외쳤다. 우리는 이 본문에서 당시 문화와 신앙의 원리를 구분할 수 있어야 한다. 만약 문화와 원리를 구분하지 못하여 "예수님처럼 우리도 나귀를 타고 다녀야 한다"고 말한

다면, 그 문화 속에 담아 놓은 신앙의 원리를 제대로 발견하지 못한 것이다. 또한 잘못된 문화적 내용을 적용한 예가 될 것이다. 반면 본문 안에서 바른 원리를 발견했다면, "하나님 나라의 리더십은 군림하고 통치하는 것이 아니라 겸손하게 섬기는 것이다"라고 말할 것이다. 후자처럼 신앙의 원리를 구분하게 되면, 성경 안에 있는 문화를 초월한 보편타당한 원리를 발견했기에 오늘날의 문화 속에서도 쉽게 적용할 수 있게 된다. 그리고 이는 한 번의 적용이 아닌 평생 기억하고 순종해야 할 영원한 진리로 소유하게 된다.

🖋 예레미야 51장 33~37절을 가지고 D형 큐티를 해보라.

내용 관찰	
연구와 묵상	

느낀 점	
결단과 적용	

    신앙의 성숙은 하나님의 뜻에 입각한 분별력에 있다. 큐티는 말씀을 연구하고 묵상함으로 다음과 같은 질문에 대한 답을 얻는 과정을 돕는다: 하나님의 뜻을 아는 것은 ① 하나님이 기뻐하시는 것이 무엇인가?, ② 하나님이 원하시는 것이 무엇인가?, ③ 하나님께서 나를 향하여 갖고 계신 계획은 무엇인가?, ④ 하나님은 나의 삶 속에서 무엇을 원하실까? 이러한 질문에 대한 답을 얻고 순종하는 과정을 통해 우리는 영적 성숙을 이루어갈 수 있다.

02

궁금증을 일으키는 삶

교회 지도자로서 갖추어야 할 역량 가운데 하나로, 우리는 '복음 전도'를 빼놓을 수 없다. 하나님 나라의 백성으로 살아가는 자는 반드시 복음을 드러내는 삶을 살아가야 한다. 지혜로운 삶을 통해서 이웃에게 궁금증을 유발시키고, 그들이 물어오는 질문에 대해 은혜로운 답을 줄 수 있어야 한다.

하나님 나라의 가치관을 가지고 살아가는 성도는 세상 사람들과 똑같이 살 수가 없다. 우리가 세상 사람들과 똑같이 휴일을 보내고 편안한 삶을 추구하며 물질을 사용한다면, 세상 사람들이 우리에게 궁금해 할 것이 없다. 아무도 우리가 가지고 있는 성경책이나 사영리 그리고 전도지에 대해 궁금증을 가지고 물어보지 않는다. 그러나 우리가 세상 사람들과 다른 삶의 방식을 가지고 살아간다면, 세상 사람들은 우리가 어떤 사람인지 매우 궁금해 할 것이다. 왜 기독교인들은 휴가를 이용해 빈곤에 처한 사람들을 섬기는지, 먼 나라로 가서 선교를 하거나 더운 여름날 아이들과 함께 수련회를 하는지, 자신의 집에 다른 사람들을 초청하여 음식을 나누며 이웃을 섬기는지, 직업을 선택할 때 많은 연봉보다 의미 있는 일에 헌신을 하는지 그들은 매우 궁금해 할 것이다. 이것이 기독교가 로마제국을 뒤흔들고 역사를 변화시켰던 방식이기도 하다.

흔히 배교자 율리아누스라고 불리는 로마 황제는 그리스도인들이 로마제국을 장악할까 두려웠다. 그래서 그는 그리스도인들을 갈릴리 사람이라 칭하고, 기독교를 무신론이라고 말했다. 그의 눈에는 로마의 황제를 신으로 받들지 않는, 또 이교도들이 섬기는 잡신들의 존재를 인정하지 않았기 때문에 기독교를 무신론으로 본 것이다. 그는 기독교가 병적인 존재라고 말하면서 신하들에게 이런 칙서를 내렸다.

> 우리는 그리스도인들에게 이 제국을 잃게 될 것이다. 왜냐하면 그들은 낯선 자들에게 자선을 베풀고, 죽어 가는 약한 사람들을 돌보며, 그들이 죽으면 자기들의 무덤을 내어주고, 그들의 아내에게 잘 대하며, 노예들을 형제처럼 대우한다. - 율리아누스

그렇다! 당시 그리스도인들은 가난한 자들을 먹였고, 나그네를 환대했다. 그리스도인들 중 귀족들은 노예를 끌어안았고, 민족성을 따지지 않고 자신을 개방해 그 누구와도 교제했다. 남녀 간에도 평등한 사회적 관계를

맺었고, 가족의 화목을 응원했다. 이러한 삶은 당시 로마제국이 살아오던 라이프 스타일을 완전히 갈아엎었다. 새로운 사회를 구현했던 것이다. 뿐만 아니라 그들의 삶의 모습은 일반 로마인들 사이에서는 채울 수 없는 호기심을 불러 일으켰다. 그리고 질문에 대한 그들의 대답은 오직 예수 그리스도 때문이었다. 우리는 모두 선교사다. 우리가 살아가는 삶의 현장이 선교지인 것이다. 그렇다면 오늘날 우리는 1세기의 그리스도인들처럼 어떻게 궁금증을 일으키는 삶을 살 수 있을까? 당시 궁금증을 일으키는 삶을 오늘날로 표현하면 '감동을 주는 삶'이라고 할 수 있다. 우리는 어떻게 감동을 주는 삶을 살 수 있을까?

마이클 프로스트는 자신의 저서 《세상을 놀라게 하라》(넥서스CROSS)에서 삶의 리듬을 계발하라고 권면한다: "우리는 선물을 주고, 시간을 함께 보내며, 확신을 주는 말을 하는 것 자체를 중요하게 여기는 삶의 리듬을 계발해야만 한다. 그래야 너그러운 마음이 길러지고, 하나님의 성품이 배이며, 그분의 통치를 다른 사람들이 알아차리게 된다." 그는 선교사로서 살아가는 우리의 거룩한 습관으로 'BELLS'라는 단어로 요약되는 다섯 가지를 제시한다.

Bless 교회 안팎을 가리지 않고 사람들을 축복한다.

Eat 교회 안팎의 사람들과 같이 식사한다.

Listen 성령님이 안내하고 지도하시는 음성을 듣는다.

Learn 제자를 삼기 위하여, 지도자이며 모범이신 그리스도를 배운다.

Sent 하나님이 파송하신 어디에서든 세상을 놀라게 한 일을 기록한다.

이 다섯 가지는 삶으로 전도하는 기독교인의 생활 습관이라 할 수 있다. 이 제안을 일상생활연구소장 지성근 목사가 'BLESS'라는 단어로 변형하여 사용했다. 이것을 우리의 생활 습관으로 만들 수 있으면 좋을 듯하다.

Bless 축복하기

Listen & Learn 듣고 배우기

Eat 식사하기

Share 나누기

Sent 파송받음을 의식하며 살아가기

Bless 축복하기

> 너희 말을 항상 은혜 가운데서 소금으로 맛을 냄과 같이 하라 그리
> 하면 각 사람에게 마땅히 대답할 것을 알리라 _골로새서 4:6

사람들은 보통 있는 그대로 보지 않고 시기심으로 바라본다. 자기가 좋아하는 사람에 대해서는 장점을 크게 이야기하고, 싫어하는 사람에 대해서는 단점을 크게 이야기한다. 그러나 있는 그대로 받아들이고 인정할 때 사람을 살릴 수 있음을 기억하라. 장점이 있음을 인정해 주는 바나바의 태도가 위대한 사도 바울을 만들었다. 바나바는 이렇게 인정해 주고 축복하는 것으로 하나님 나라를 확장했다.

매주 세 사람에게 축복하는 습관을 가져라. 긍정적인 말을 하고, 문자로 그런 축복을 나누어라. 또한 친절한 행동을 하라. 친절한 행동은 누군가의 해야 할 일을 대신 해주는 것을 말한다. 예를 들어, 아이 돌보기로 지친 부모님을 대신하여 아이들을 돌봐주어라. 이렇게 일주일에 세 사람과 축복을 나누라. 그리고 이 세 사람 중에 적어도 한 사람은 아직 예수님을 믿지 않는 사람에게 하라. 축복하는 행동이 나중에 거대한 복음의 능력을 가져올 것이다.

✒ 일주일간 성실히 실천해보고, 그 결과를 적어보라.

요일	결과
월요일	
화요일	
수요일	
목요일	

금요일	
토요일	
주일	

Listen & Learn 듣고 배우기

기도를 계속하고 기도에 감사함으로 깨어 있으라 골로새서 4:2

감동을 주는 삶을 위한 두 번째 생활 습관은, 성령님의 음성을 듣는 것이다. 될 수 있는 대로 얼마간의 시간을 내어 하던 일을 멈추고 하나님과 사귈 수 있는 시간과 공간을 마련하라. 주중에 적어도 한 번 이상은 성령님의 음성을 들을 수 있는 시간을 가져라. 우리를 인도하시는 성령님의 음성 없이 우리는 전도도, 축복의 메시지도 사람들에게 전하기 어렵다.

정해놓은 시간에는 주변의 산만한 모든 것들을 없애고, 성령님께 우리가 원하는 것을 묻거나 말할 수 있는 시간을 가져라. 단순히 하나님과 대화하는 것을 즐기기 시작하라. 그렇게 할 때 성령님께서는 우리에게 만나야 할 사람의 얼굴을 떠오르게 하실 수도 있다. 나아가 우리 삶의 문제가 무엇인지를 보여주실 수도 있다.

✒ 일주일간 성실히 실천해보고, 그 결과를 적어보라.

요일	결과
월요일	
화요일	
수요일	
목요일	
금요일	

토요일	
주일	

Eat 식사하기

외인에게 대해서는 지혜로 행하여 세월을 아끼라_골로새서 4:5

감동을 주는 삶을 위한 세 번째 생활 습관은, 함께 식사하기다. 율리우스 황제가 그리스도인들을 못마땅하게 여겼던 것은 그들을 깜짝 놀라게 할만한 그리스도인들의 후한 대접이었다. 소위 '애찬'이라고 말하는 식사가 그 대표적인 것이었다.

먹는 것은 중대한 사역이다. 함께 식사하는 것은 친목을 도모하고 환대하는 마음을 표현하는 것이다. 그것이 하나님 나라를 확장시키는 엄청난 기회가 될 것이다. 정기적으로 낯선 사람, 그리고 가난한 사람을 집으로 초대하라. 일주일에 한 번은 그런 목적으로 식사를 하라. 먹는 것으로 세계를 바꿀 수 있다.

✒ 일주일간 성실히 실천해보고, 그 결과를 적어보라.

요일	결과
월요일	
화요일	
수요일	
목요일	
금요일	
토요일	
주일	

쓸 만한 도끼 한 자루 준비합니다

Share 나누기

또한 우리를 위하여 기도하되 하나님이 전도할 문을 우리에게 열어
주사 그리스도의 비밀을 말하게 하시기를 구하라 내가 이 일 때문에
매임을 당하였노라 그리하면 내가 마땅히 할 말로써 이 비밀을 나타
내리라 골로새서 4:3~4

감동을 주는 삶을 위한 네 번째 생활 습관은, 삶을 나누는 것이다. 이것
은 나 자신의 기도제목을 나누고 삶을 나누며 소유한 작은 것이라도 나누
는 삶을 말한다. 선물을 나누는 것도 한 가지 방법이다. 생일이나 크리스마
스 선물처럼, 작은 물건이라도 함께 나눔으로 나의 주변에 있는 사람들에게
축복을 전달할 수 있다.

무엇보다도 복음을 말로 설명하는 시간을 가져라. 아무리 선한 행동을
하더라도 이유를 설명하지 않으면 전도의 반쪽은 안한 것이다. 비행기가 한
쪽 날개로 날 수가 없는 것처럼, 두 날개가 필요한 것처럼 선한 행동을 하는
것은 한쪽 날개일 뿐이다. 나를 구원하신 주님의 은혜를 나누고 복음의 의
미를 나눌 때 비로소 양쪽 날개로 나는 것이다.

🖋 일주일간 성실히 실천해보고, 그 결과를 적어보라.

요일	결과
월요일	

화요일	
수요일	
목요일	
금요일	
토요일	
주일	

Sent 파송받음을 의식하며 살아가기

내가 이 일 때문에 매임을 당하였노라_골로새서 4:3b

감동을 주는 삶을 위한 다섯 번째 생활 습관은, 나 자신을 파송받은 선교사로 의식하며 살아가는 것이다. 우리는 세상에서 부름받은 하나님의 백성인 동시에, 세상에 보냄받은 그리스도의 제자다. 나 자신이 파송받은 존재라는 사실을 늘 잊지 않고 살아가기 위해, 파송일기를 적어보라. 내가 누구를 만났고 그를 위해 어떻게 기도했는지, 그의 반응이 어떠했는지를 적어보라.

일주일간 성실히 실천해보고, 그 결과를 적어보라.

요일	결과
월요일	
화요일	
수요일	

목요일	
금요일	
토요일	
주일	

　지금까지 살펴본 다섯 가지 'BLESS' 생활 습관으로 축복의 삶을 살아가자. 마이클 프로스트는 우리에게 다음과 같이 도전한다: "우리가 궁금증을

유발하는 삶을 살 때 사람들은 우리의 이상한 행동을 보고, 우리가 왜 그렇게 하는지 그 동기를 물어볼 것입니다. 그때 우리는 힘과 열정을 가지고, 존경심과 경외심을 가지고, 환희와 경탄함으로 예수님에 관하여 능히 말할 수 있어야 합니다."

03

리더십의 기술: 질문의 힘

　부모라면 누구나 자녀를 키우면서 아이들의 질문 공세로 쩔쩔매던 경험이 있을 것이다. 4살짜리 아이가 엄마에게 하루 동안 하는 질문은 평균 300번이라고 한다. 아이들은 어른들이 너무나 당연하게 여기는 일들에 관해 질문을 던지곤 한다. 하루에도 수백 번씩 '왜?'라는 질문이 꼬리에 꼬리를 문다: "엄마, 이건 왜 이렇게 작아?", "엄마, 이건 왜 차가운 거야?" 이런 아이들의 질문에 친절하게 대답하다가 지친 부모들은 "너 정말 그런 쓸데없는 질문만 할래?"라고 윽박지르거나 아이들의 관심을 돌려놓기 위해 핸드폰을 손에 쥐어주고 게임이나 영상물을 틀어준다. 이렇게 자라는 아이들은 질문하기 전에 어른들의 눈치를 보게 되고, 결국 질문을 점점 상실하게 된다.

　아이들은 나이가 들어감에 따라 질문을 잊어버린다. 어쩌면 어릴 때부터 질문을 봉쇄당하는 환경 속에서 자라났기에 당연한 것일지도 모른다. 족집게 과외선생을 통해 시험에 나올 만한 핵심 문제만 머릿속에 쏟아 붓는 특혜를 누리면서 자라난 아이들에게는 질문의 습관이 자리를 잡을 수 없다. 이렇게 자라난 아이가 대학을 졸업하면 하루 동안에 하는 질문은 고작 20번으로 줄어든다고 한다. 그러니 수업을 마무리하면서 질문이 있느냐는 선생님의 말은 늘 형식적일 수밖에 없다. 이렇게 우리는 살아가면서 점차 질문을 잃어버리고 살아간다.

우리는 잃어버린 질문을 되찾아야 한다. 제자훈련이나 멘토링, 코칭을 하는 지도자라면 누구나 많은 질문을 하게 된다. 적절한 질문은 사역에 훌륭한 도구가 되기 때문이다. 좋은 지도자는 자신의 경험이나 해답을 일방적으로 늘어놓지 않는다. 상대방의 경험, 관심, 흥미, 필요를 끄집어내어 자신이 전달하고 싶은 메시지와 만나게 한다. 질문이라는 매우 적극적인 행동을 통해, 그 메시지가 가슴 깊이 남도록 만들어야 한다.

'경영학의 아버지'라 불리는 피터 드러커(Peter Ferdinand Drucker) 박사는 어렸을 때 선생님으로부터 받은 질문을 평생 기억하며 살았다고 한다. 그의 선생님은 아이들에게 "너는 무엇으로 기억되기를 바라느냐?"고 질문했다. 이에 아이들이 대답을 못하자, 선생님은 웃으면서 다음과 같이 말했다고 한다: "지금은 대답하지 못해도 괜찮다. 하지만 나이 오십이 되어서도 대답하지 못한다면, 그것은 너희가 삶을 낭비했다는 뜻이란다." 이후 피터 드러커는 이 질문을 평생 가슴에 담고 살았다고 한다.

질문의 능력을 키워라

우리에게는 질문의 능력을 키우는 훈련이 필요하다. 좋은 질문이 어떤 것인지 배울 필요가 있다. 삶의 변화를 이끌어낼 수 있는 좋은 질문을 위해 연습하여 자신의 무기로 만들어야 한다. 성경공부를 인도할 때에는 본문의 핵심과 본질에 접근할 수 있는 질문을 준비해야 한다. 삶을 함께 나누는 자리에서는 자신의 삶을 기꺼이 열어 보일 수 있도록 돕는 질문을 던져야 한다. 깨달은 진리를 가지고 자신의 삶을 비추어볼 수 있도록 돕는 질문이 필요하다. 자신의 결단과 삶의 변화를 나누도록 돕는 질문도 준비되어야 한다.

지금까지 우리는 학교생활과 교회생활에서 늘 해답 찾는 일에 익숙했다. 정확한, 단 하나의 답을 찾는 일에 집중해왔다. 그러다 보니 생각하는 과정을 중요하게 여기지 못하고, 이것이 정답이냐 아니냐에 매달려온 것이다. 그리고 답을 가졌다고 확신하는 순간, 내가 발견했다고 믿고 확신하는 바로 그 정답을 상대방에게 주입하려고 애를 써왔다. 그러나 현대인은 이런 커뮤니케이션의 방식을 거부한다. 남이 발견한 정답과 남이 규정한 도그마를 자신에게 강요당하는 것을 혐오한다.

물론 질문을 주고받는 과정에서 사람들이 꺼리는 것도 있다. 질문과 대답을 통해서 자신의 무식함이 탄로 나지는 않을까 걱정하기도 하고, 자신을 약점이 드러나 사람들에게 무시를 당하지 않을까 하는 두려움도 있다. 하지만 질문은 사람과 사람 사이의 벽을 허무는 힘이 있다. 어떻게 질문을 하느냐에 따라 그 사람과의 거리가 1km가 될 수도 있고, 1m가 될 수도 있다. 솔직하게 묻는 질문과 질문에 대해 진실하게 대답하는 진정성이 있을 때, 두 사람의 관계는 강화된다. 형식적이고 피상적인 관계를 허물고 좋은 친구의 관계로 만든다.

그러므로 우리에게는 커뮤니케이션의 방식에 변화가 필요하다. 급변하는 세상 속에서 살아가는 그리스도인들을 변하지 않는 하나님의 말씀으로 세워가는 일을 효과적으로 감당하기 위해서는 커뮤니케이션 방식에 변화를 가져와야 한다. 우리가 믿고 있는 진리를 주입하고 강요하기보다는 질문을 통해 말씀 앞에 다가앉게 하고, 하나님의 말씀의 의미를 고민하게 하며 함께 그 의미를 발견해가는 방법을 찾아야 한다. 시간이 좀 걸리더라도, 그러나 이게 제일 빠른 길이다. 삶의 변화를 가져올 수 있는 가능성이 훨씬 높다.

제대로 된 질문을 던지는 훈련을 하라

우리는 제대로 된 질문을 던지는 훈련도 필요하다. 정답을 강요하는 질문이 아니라 생각하는 과정을 돕는 질문이 필요하다. 상대방의 생각과 느낌을 드러낼 수 있도록 돕는 질문이 좋다. 질문뿐 아니라 상대방의 이야기에 귀를 기울이는 '경청의 태도'도 중요하다. 동시에 상대방이 한 말을 자신의 말로 요약해서 피드백 하는 것도 필요하다. 맞장구치는 습관은 대화의 토대를 다져주는 효과가 있다. 마치 포수가 투수의 공을 받을 때 미트에 공이 들어오는 소리를 좋게 내주면 투수가 자신감을 갖게 되는 것처럼, 고개를 끄덕거리며 상대방의 말을 잘 받아주는 행동은 질문의 힘을 상승시켜 준다.

좋은 질문은 힘이 있다. 질문은 답을 이끌어낸다. 질문은 생각을 자극한다. 질문을 받는 사람뿐만 아니라 질문을 하는 사람의 사고를 자극한다. 질문은 마음을 열도록 만든다. 자신의 생각, 관점, 느낌, 의견을 물어보는 질문을 받으면 사람들은 기꺼이 자신의 생각과 감정을 드러낸다. 질문은 귀기울여 경청하도록 만든다. 질문에 답하다 보면 스스로 설득이 된다. 질문은 삶의 변화를 가져온다. 생각하는 습관을 길러준다. 고정관념에 얽매이지 않고 편견을 깨뜨려 진리를 추구하게 돕는다. 삶에서 경험하는 많은 사건들의 의미를 찾아가도록 돕는다. 질문의 힘을 십분 활용할 수 있는 지도자가 되라.

✒ 당신은 앞으로 질문의 능력을 어떻게 키울지 구체적으로 적고, 실천해보라.

훈련자가 훈련생들에게 질문의 능력을 키울 수 있는 좋은 방법을 제안해도 좋다.

04

리더십의 기술: 경청의 힘

한 국제자선단체에서 중재와 조정을 담당하던 빌 로우리는, 아프리카 수단에 선교사로 가서 딘카족과 누에르족의 8년에 걸친 원한의 관계를 청산하고 평화의 관계를 맺도록 도운 적이 있다. 그 전에 이미 몇몇 팀이 나서서 중재를 시도했지만 번번이 실패하고 말았던 일이다. 그러나 그의 중재로 딘카족과 누에르족의 추장은 서로 한자리에 마주하고 앉았다.

두 추장은 차례에 따라 서로 번갈아 가면서 이야기를 나누기 시작했다. 일단 한 추장이 이야기를 시작하면 상대방 추장은 그 말이 끝나기를 기다려야 했고, 중간에 말을 막아서면 안 되었다. 그러나 시간에는 구애받지 않고, 원하는 만큼 오랫동안 이야기를 하도록 했다. 상대방의 말을 방해하거나 언쟁을 벌이지 않고 들어주는 것이 이들의 대화 방식이었다. 그들은 그

동안 자기 종족이 얼마나 고통을 받았는지, 이 전쟁으로 인해 얼마나 많은 희생을 했는지에 대해 이야기를 하면서 꼬박 3일을 보냈다. 그리고 3일째가 되면서 그들은 이 전쟁으로 인해 상대 종족이 얼마나 많은 피해를 입고 고통을 당했는지 충분히 알게 되었다. 계속 되는 이야기 속에서 그들은 마침내 용서할 마음이 생겼고, 평화를 위해 힘을 모으려는 마음이 생겼다. 그들은 이 회의를 통해 처음으로 이야기를 마음껏 했고, 또 상대방이 자신의 말에 진심으로 귀 기울여 주는 것을 느꼈다.

요즘 우리가 당하고 있는 여러 가지 어려움을 보면서, 모두 하나같이 소통이 중요하다고 말한다. 그러면서도 소통이 안 된다고 탄식한다. 소통을 위해, 자신의 입장을 드러내기 위해 많은 말을 하려고 애를 쓰지만 정작 다른 사람들의 말은 들으려고 하지 않기 때문이다. 자신과 다른 입장의 이야기에는 귀를 막고 이해하려고 하지 않는다. 비난하고 심지어는 위협을 서슴지 않는다. 꽉 막힌 소통의 현장을 증명하기 위해 노력할 필요가 없다. 왜냐하면 오늘 우리의 현실 속에서 매일 경험하고 있기 때문이다. 정치, 교육, 직장, 가정, 그리고 기독교 공동체 등 우리가 자연스럽게 대하는 모든 일상 속에 소통의 부재는 쉽게 발견된다.

변화된 소통의 방식

시대가 변함에 따라 대화의 방식도 달라졌다. 인터넷이 대화의 장으로 자리 잡은 지 오래다. 인터넷을 통한 수많은 정보의 세계 속에서 내가 필요한 것들을 찾아내는 기쁨을 누릴 수 있다. 그 누구의 눈치도 보지 않고, 듣고 보고 말할 수 있다. 지구 반대편의 이야기를 실시간으로 접할 수 있는 신속함과 편리함도 제공된다. 이러한 새로운 소통의 통로로 쓰임받는 인터넷은, 소통을 돕기도 하지만 걸림돌이 되기도 한다. 익명성이 보장되는 환경 속에서는 인간 내면의 솔직함이 드러나기도 하지만, 동시에 비인격적인 대화로 인해서 상대방에게 상처를 주고 또 내가 받기도 한다. 인터넷 속에서는 나와 다른 주장에 대해 거친 말로 상대방을 위협하며 응징하기도 한다. 때로는 극단적인 소수의 목소리가 다수로 둔갑하기도 한다.

핸드폰 문자도 대화의 또 다른 장을 열었다. 간단한 정보나 자신의 생각을 전달하기에는 문자가 최고다. 문자는 주변의 환경에 매이지 않는 나만의 독립된 공간을 확보했다는 여유를 제공한다. 문자를 통해 다양한 기호를 동원해가며 열심히 소통의 발전을 추구한다. 하지만 이러한 문자도 소통이 되지 않는 경우가 많다. 일방적으로 보내진 문자에 답이 없는 경우는 얼마나 많은가? 어쩌면 상대방의 목소리뿐만 아니라 자신의 목소리마저 잊히는 말 없는 대화 속에서 이 시대의 우울증은 더 많이 번지고 있는지도 모른다.

질문과 경청의 중요성

제자훈련이나 멘토링, 코칭처럼 사람을 세우는 모든 영역에서 질문과 경청을 중요한 핵심 역량으로 강조하고 있다. 질문과 경청은 소통에 있어서 빼놓을 수 없는 강력한 무기다. 제자훈련에 실패하는 가장 많은 경우도 소통이 잘 안 되기 때문이다. 지도자가 들으려 하지 않는 것이다. 내가 깨달은 진리를 전달해야겠다는 강박적인 생각에 사로잡힌 지도자는 훈련생의 이야기에 귀를 기울이지 않는다. 또다른 형식의 일방적인 설교를 할 뿐이다.

교재에 나온 질문을 던지기는 하지만 훈련생의 삶이 묻어 있는 그들의 이야기는 무시한 채, 일방적으로 설교를 하려고 하면 소통은 물 건너가고 만다. 마음을 열어 훈련생들의 속 깊은 이야기들, 그들의 상처와 아픔, 고통, 비전과 꿈을 들어주는 것이 사람을 세우는 길이다. 경청에서 사람을 세우는 일이 시작된다. 소통은 말을 유창하게 잘 하는 것보다 잘 듣는 것에서부터 시작한다. 우리 삶의 모든 현장 속에서도 속 시원한 소통이 필요하다.

過연 당신은 잘 들어주는 사람인가? 당신의 지난날을 냉정하게 돌아보라. 그리고 앞으로 경청의 능력을 어떻게 키울지 구체적으로 적고, 실천해보라.

훈련자가 훈련생들에게 경청의 능력을 키울 수 있는 좋은 방법을 제안해도 좋다.

05
지도자의 자기 관리

에드워드 영(Edward Young)은 "낭비된 시간은 생존한 것이고, 이용한 것은 삶을 산 것이다"라고 말한다. 생존하는 것과 삶을 사는 것에는 엄청난 차이가 있다. 그저 살아가고 있는 삶은 어떤 일이든지 자신에게 일어나는 것에 대해 개의치 않는다. 수동적으로 받아들이고, 자신의 환경 속에서 체념하며 살아간다. 정말 생존하고 있을 뿐이다. 하지만 삶을 사는 것은 다르다. 생존이 그저 존재하는 것이라면, 삶은 힘과 에너지가 충만함을 의미한다. 환경을 초월하는 힘과 능력을 가지고 살아간다.

평신도 지도자들에게 있어서 삶은 하나님의 비전과 소명을 위해 살도록 선택받은 특권이다. 직분자로 산다는 것은 수동적으로 맡겨진 일을 해내는 방관자가 아니라 스스로 자신을 계발하고 사람들에게 영향을 끼치는 능동

쓸 만한 도끼 한 자루 준비합니다

적인 사역자가 되는 것을 의미한다. 이러한 삶을 추구하는 사람들은 두 가지 물건을 손에 쥐고 살아간다. 하나는 나침반이고, 다른 하나는 시계다.

인생의 나침반이 필요하다

당신은 지금 있는 곳에서 북쪽이 어디라고 생각하는가? 북쪽이라고 생각하는 곳을 손가락으로 한번 가리켜 보라. 그리고 옆에 있는 다른 분에게도 북쪽이 어디라고 생각하는지 물어보라. 단언컨대, 북쪽이라고 생각하는 방향은 사람마다 다를 것이다. 그렇다면, 우리는 북쪽을 어떻게 알 수 있는가? 다수결로 정하면 되는가? 아니다! 아무리 모든 사람이 북쪽은 저쪽이라고 우겨도, 나침반을 놓고 보면 금방 드러난다. 우길 이유가 없는 것이다.

이처럼 나침반은 우리에게 정북 방향이 어딘지를 가르쳐준다. 흔들리지 않는 원리를 말하며, 우리의 인생이 나아가야 할 방향을 의미하기도 한다. 각자가 주관적으로 느끼고 있는 인생의 방향이 아니라 감정이나 환경에 따라 흔들리지 않는, 내 인생의 정북 방향을 바라봐야 한다. 그 방향은 하나님께서 나의 인생을 향하여 갖고 계신 계획을 알아야 분명해진다.

구원받은 성도들에게 있어서 정말 중요한 인생의 패러다임 쉬프트가 있다면, 그것은 나의 인생이 어디로 가야 하는지를 깨닫는 순간일 것이다. 당신은 '내 평생 무엇을 위해서 헌신해야 되나?'라는 질문에 분명한 답을 가지고 있는가? 평신도 지도자로서 하나님께서 나의 남은 인생을 가지고 무엇을 이루고 싶어 하는지에 대한 분명한 사명을 가지고 있는가?

사명은 설계도와 같다. 집을 지을 때 설계도 없이 집을 짓는 사람이 있는가? 없다. 마찬가지로 우리의 인생에도 설계도가 필요하다. 인생의 설계도 없이, 그저 마음속에 떠오르는 대로 집을 지으면 아마도 우스운 모양의 집을 짓게 될 것이다. 그런데 우리가 인생을 살면서 설계도 없이 살아가는 모습들이 너무나 많다. 이런 사람들을 향해 조지 버나드 쇼(George Bernard Shaw)가 쓴 글이 있다: "인생의 진정한 기쁨은 스스로 가장 중요하게 여기는 목적을 위해 자신이 쓰이는 것이다. 세상이 자신을 행복하게 만들어 주지 않는다고 불평하며, 배 아파하고, 열병을 앓는 이기적인 고깃덩어리는 진정한 기쁨을 얻을 수 없다. 나는 나의 인생이 전체 사회에 속해 있으며, 내가 살아 있는 동안 사회를 위해 무엇인가 할 수 있다는 것이 나의 특권이라고 생각한다. 나는 죽을 때 내 자신이 완전하게 소진된 상태이기를 원한다. 내가 더 열심히 봉사할수록 나는 더 오래 살아남기 때문이다. 나는 이러한 목적을 가지고 인생을 즐긴다. 나에게 인생은 곧 꺼져버릴 촛불이 아니라 일종의 찬란한 횃불이다. 이 횃불을 다음 세대에 넘겨주기에 앞서 내가 들고 있는 동안만은 환하게 타오르게 하고 싶다." 우리의 인생을 향한 분명한 사명을 가지고, 정말 활활 타오르는 인생으로 살아가고 싶지 않은가?

🖋 당신 인생의 정북 방향은 어디인가? 당신은 앞으로 사명자로서 무엇에 헌신하며 살아갈지 구체적으로 적어보라.

사명이 없다면, 교회 지도자로서 세워지는 것에 신중하게 고민해봐야 한다. 반대로 사명이 너무 강하여 교회 공동체의 비전과 상반된다면, 그것도 신중하게 고민해봐야 한다. 이 문항을 통해 당신 인생의 정북 방향을 찾고, 교회 지도자로서 교회 공동체의 비전에 근거한 사명을 확인하라.

인생의 시계가 필요하다

교회 지도자들에게 필요한 또 하나의 물건은 시계다. 시간이 만물 중에 가장 귀중한 것이라면, 이를 낭비하는 것은 인생 최대의 낭비다. 때문에 우리는 시간을 잘 관리해야 한다. 무능한 직원이나 실력 없는 간부는 항상 "바쁘다, 바뻐!"를 입에 달고 산다. 왜? 계획이 없기 때문에, 시간 관리를 못하기 때문이다. 그래서 의미 있는 삶을 위해서는 시간 관리가 필수다.

시간 관리를 위해서는 우선순위를 먼저 정해야 한다. 나침반이 있어야 한다. 우리 인생의 사명이 무엇인지를 분명하게 알면, 나의 인생에서 중요한 것이 무엇인지를 알 수 있다. 중요한 것에 따라서 우선순위를 정하고, 우선순위에 따라 시간을 관리하는 것이 필요하다. 시간표에 따라서 우선순위를 정하는 것이 아니라 우선순위에 따라서 시간표를 정하는 것이다.

시간 관리 매트릭스

	긴급함	긴급하지 않음
중요함	I 필수 • 위기 • 급박한 문제들 • 실행 시간이 가까워진 프로젝트, 회의 준비	리더십 II • 준비 • 예방 • 가치관 확립 • 인간관계 구축 • 진정한 새 출발 • 유능하게 되기
중요하지 않음	• 잠깐의 급한 질문, 일부 전화 • 일부 우편물, 일부 보고서, 일부 회의 • 눈앞에 벌어진 일, 긴급한 상황 • 많은 인기 있는 활동 III 속임수	낭비, 도피 IV • 하찮은 일, 일부 바쁜 말 • 일부 전화 • 시간 낭비 거리 • '현실 도피성' 소일거리 • 쓸데없는 우편물 • 지나친 TV 보기

스티븐 코비(Stephen Covey)는 '시간 관리 매트릭스'라는 개념을 소개하였다. 그는 위의 도표에서 보이는 것처럼, 시간을 네 가지 칸에 구분하여 설명을 하였다. 먼저 1상한은 긴급하면서도 중요한 것, 그래서 '필수의 상한'이라고 한다. 마감이 걸려 있는 임무, 지금 당장 해결하지 않으면 문제가 생기는 급박한 일들, 현재 진행하고 있는 프로젝트와 이를 준비하기 위한 회의가 모두 당장 하지 않으면 안 되는 일들로 모두 1상한에 속한다. 교회 사역을 예로 들면, 성도의 가정에 장례가 난 것은 모든 우선순위를 뛰어넘는 중대한 일이므로 1상한에 해당하게 된다.

2상한은 중요하긴 하지만 급하지는 않은 것, 그래서 '리더십의 상한'이라고 한다. 준비하고 예방하는 일, 내면의 가치를 확립하는 일, 인간관계를 구축하는 일, 능력을 쌓아가는 일이 모두 2상한에 속한다. 당장 급하게 우리를 몰아가지는 않지만, 소홀히 하면 문제가 생기는 일들이다. 예를 들어 건강을 돌보는 일이 지금 당장은 중요하게 느껴지지 않을 수도 있다. 하지만 건강을 돌보는 일을 소홀히 하면 결국은 몸져눕고 때론 큰 수술을 해야 하는 사태로 악화될지 모른다. 사실 우리는 급한 일에 쫓겨 살다보면 2상한에 해당하는, 당장 급하지는 않지만 중요한 일들을 뒷전에 두고 소홀히 하기가 쉽다.

3상한은 중요하지는 않지만 긴급한 일들, 그래서 '속임수의 상한'이라고 부른다. 눈앞에 벌어지는 일들, 긴급하게 보이는 상황이지만 실제로는 그리 중요한 일이 아닌 것들이 있다. 급하게 나를 찾는 사람들, 중요하지 않은 전화나 우편물들이 모두 3상한에 속한다. 예를 들어, 우리는 전화가 오면 바로 받는다. 전화를 안 받으면 계속해서 벨소리가 우리를 괴롭히기 때문이다. 하지만 막상 받아보면 쓰레기 같은 홍보 전화가 많다. 그래서 우리가 중요한 일을 할 때에는 전화를 꺼놓는 것이 좋다. 예배를 드리는 시간, 묵상하는 시간에는 사소한 일들로 방해를 받지 않도록 조치를 해야 한다. 사소한 일들은 지나가도록 내버려 두는 것이 좋다. 급하다고 징징대는 대로 우리의 시간을 거기에 할애하면, 정작 중요한 일들을 놓치게 된다.

4상한은 '낭비와 도피의 상한'이다. 급하지도 않고 중요하지도 않은 일들이 모두 여기에 속한다. 하찮은 일들, 시간을 잡아먹는 일들, 아무짝에도 쓸모없는 우편물, 지나친 TV 시청과 같은 것들이다. 물론 정신적인 여유를 갖기 위해서는 휴식과 여가활동이 필요하다. 그럴 때에는 2상한에 속하지만, 도를 지나쳐서 낭비하는 시간이 되면 4상한이 된다.

건강한 지도자로 서기 위해서는 2상한을 키워야 한다. 먼저, 4상한에서 낭비되던 시간을 확보해 2상한에 투자하라. 쓸데없이 허비되던 시간을 모아서 자신의 역량을 키우거나 예방하는 일에 사용하는 것이다. 또한 속임수의 상한이라고 하는 3상한 가운데 중요하지 않으면서 우리로 하여금 급하다고 보채는 일들을 걸러내어 2상한에 투자하라. 지금 당장은 급하게 보이지 않지만, 이는 우리의 내면을 튼튼하게 만들고 삶의 기초를 든든하게 세워주는 일들이다. 2상한에 투자하는 시간과 열정이 확보되면, 우리로 하여금 긴급하게 쫓아다니게 만들었던 1상한의 일들이 줄어들게 될 것이다. 예방 효과가 나타나 급하게 우리를 몰아가던 상황에 여유가 생긴다.

✒ 누구에게나 공평하게 24시간이 주어졌다. 그런데 만약 하나님께서 당신에게만 3시간을 더 주셨다고 가정해보라. 그러면 당신은 나머지 3시간 동안 무엇을 하고 싶은가? 하고 싶은 일들을 모두 적어보라.

당신이 열거한 일들을 자세히 보라. 아마 2상한에 속한 일들이 대부분일 것이다. 쉰다든지, 그동안 하지 못했던 어학 공부를 더 한다든지, 버킷 리스트에 있는 일들을 해보고 싶을 것이다. 이 문항을 통해 시간 관리의 패턴을 바꿀 수 있길 바란다. 영향력 있는 영적 지도자는 시간 관리를 잘 할 수 있어야 한다.

스티븐 코비는 소중한 것을 먼저 하라고 소개하면서, 이를 돌에 비유한다. 시간 관리란 큰 돌, 중간 크기의 돌, 작은 자갈, 모래가 있는데 이를 모두 한정된 어떤 항아리에 넣는 것과 같다고 한다. 작은 모래들을 먼저 항아리에 붙고 나머지 큰 돌과 중간 크기의 돌을 넣으려고 하면 정해진 공간에 모두 넣을 수 없다. 반대로 큰 돌부터 크기에 따라 차근차근 넣어 가면 결국 작은 모래까지 모두 넣을 수 있다는 것이다.

시간 관리의 가장 중요한 핵심은 바로 이것이다. 비록 급하지는 않지만 중요한 일들, 큰 돌을 먼저 시간표에 적으라. 사람들이 요구하는 것은 나중에 빈자리에 찾아서 넣으면 된다. 큰 돌을 먼저 배치하지 않으면 바쁘게만 움직이다가 정작 소중한 것을 놓치게 된다.

앞으로 10년 뒤에 하나님께서 나의 인생을 통해 무엇을 이루고 싶어 하시는지를 살피고, 그것을 이루기 위해 내가 무엇을 먼저 해야 하고, 또 그 일을 성취하기 위해 다음 주에 내가 우선순위를 가지고 해야 할 일이 무엇인지를 차근차근 정하라. 그렇게 중요한 일들을 하나씩 미리 결정해 놓고 순서에 따라 실행에 옮기면 우리에게 주어진 사명을 감당하는 역량이 점점 커지게 될 것이다.

Q-Day를 만들라

2011년에 작고하신 존 스토트(John Stott) 목사님의 일화다. 그는 29세라는 젊은 나이에 올 소울즈 교회의 교구목사로 부임하게 되었는데, 사역을 시작하자마자 자신에게 부여된 사역의 무게에 압도되어 결국 신경쇠약에 걸리기 직전이었다고 한다. 그도 그럴 것이 당시 그는 경험도 부족하고 나이도 어렸기에, 파도처럼 밀려오는 긴급하고도 중요한 일들이 엄청난 부담이었다. 그런 상황 속에서 한번은 목회자를 위한 일일 수련회에 참석하게 되었는데, 그는 거기서 귀중한 충고를 듣게 되었다. 그건 바로 '한 달에 한 번은 조용한 하루를 가져보라'는 것이었다. 그는 이 조언을 하나님께서 주신 음성으로 받았다. 그리고 즉시 실천에 들어갔다. 수련회에서 돌아오자마자, 그는 매월 하루를 조용한 하루로 정하고 자신의 일정표에 'Q'라고 적었다. 'quiet'의 이니셜이었던 것이다.

존 스토트는 'Q'라고 적힌 날이면, 어떤 사람에게도 방해받지 않은 장소로 가서 12시간 정도를 홀로 보냈다. 그에게 'Q-Day'는 자신의 삶과 사역을 하나님의 관점으로 되돌아보고 분별하는 시간이었다. 주님이 주시는 비전에 따라 앞으로의 일을 계획하는 시간이었던 것이다. 주어지는 사역을 위해 자신이 무엇을 준비해야 하는지도 점검하였다. 부딪히는 어려운 문제들을 놓고 하나님께 기도하는 시간이었고, 연구하며 글을 쓰는 시간이기도 했다. 그는 추후에 정말 바쁠 때에는 Q-Day를 한 주에 한 번 꼴로 더 많이 가졌다고 한다. 무엇을 의미하는가?

> 시작하기 전에 15분 동안 무엇을 할 것인지 생각하면, 나중에 4시간을 절약할 수 있다. 미리 하루의 일을 생각해서 우선순위를 정하고, 하루의 업무를 조직화한 사람은 아무 생각 없이 하루를 보내는 사람들보다 성공할 가능성이 훨씬 높다. - 제임스 보트킨(James W. Botkin)

사도행전 6장을 보면, 초대 교회의 지도자들은 교회가 급성장하면서 성도들 간에 갈등이 생기게 되자 우선순위를 선포하였다. 사도들이 모든 일을 다 할 수는 없었기 때문이다. 반드시 해야 할 본질적인 일을 제대로 하기 위해서는 욕심을 내려놓아야만 했다. 사도들은 자신들이 해야 할 최우선 순위의 일에 최대 시간을 투자하기로 결정했고, 자신들이 할 수 없는 일들은 성도들에게 위임하였다.

우선순위가 분명하면 선택이 쉬워진다. C.S. 루이스(C.S. Lewis)가 말한 것처럼 먼저 해야 될 것을 먼저 하면 두 번째 것은 자연스럽게 따라오지만, 두 번째 것을 먼저 하면 첫 번째와 두 번째 모두를 잃게 된다. 우선순위가 분명하면 정말 중요한 일에 집중할 수 있게 된다. 지혜로운 자는 무엇에 집중하고 무엇을 지나쳐야 하는지 아는 사람이다.

어떤 사람이 사냥 약속에 늦었다. 그는 자기 물건을 옮겨줄 사람들을 고용하느라 3일이나 더 지체하게 되었다. 겨우 사람들을 구한 그는 늦어진 일정을 따라잡기 위해 최선을 다했다. 첫날 사냥 길에 오른 모든 사람은 하루 종일 뛰느라 모두 녹초가 되었다. 그 다음 날 그는 휘슬을 불어 모든 사람들을 일으켜 세웠다. "일어나 가자! 앞 팀을 따라잡아야 한다." 일꾼들은 등에 짐을 지고 달리기 시작했다. 그날 저녁, 모두가 지쳐 쓰러졌다. 셋째 날이 되었다. "자, 이제 우리가 서두르면 이틀 안에 앞 팀을 따라잡을 수 있을 것이다!" 모두가 하루 종일 뛰었다. 그리고 기진맥진한 상태로 저녁을 맞이했다. 넷째 날이 밝았다. "모두 가자! 오늘 안에는 앞 팀을 잡을 수 있다. 오늘 저녁에는 모닥불 앞에서 편히 쉴 수가 있을 것이다." 그러자 일꾼 중에 하나가 "저희는 더 이상 갈 수가 없습니다"라고 말했다. 그러자 그는 "나는 앞 팀을 따라잡기 위해서 너희를 고용했는데 무슨 말이냐?"라고 답했다. 이에 그 일꾼은 "우리는 매일 이렇게 달릴 수는 없습니다. 지난 삼 일 동안 너무 서둘렀습니다. 이제는 하루를 온전히 쉬어야 우리 영혼도 우리를 따라올 수 있을 겁니다"라고 말했다.

초고속 열차인 KTX와 SRT가 일상이 되었고, 세계 어느 곳이든 하루 만에 갈 수 있게 되었다. 시공간을 뛰어넘는 인터넷 강국 대한민국에 살면서 우리의 삶은 점점 더 바빠지고 있다. 시간은 쏜살같이 흐르는데 우리는 "바쁘다. 바빠!"를 외치며 산다. 엄청난 양의 정보가 쏟아지고 가열되는 경쟁 속에서 잠시라도 멈춰서면 뒤처질 것 같아 걱정이 앞선다. 이런 우리에게 사도 바울은 지혜로운 삶을 살라고 촉구한다.

> 그런즉 너희가 어떻게 행할지를 자세히 주의하여 지혜 없는 자 같이
> 하지 말고 오직 지혜 있는 자 같이 하여 세월을 아끼라 때가 악하니
> 라 그러므로 어리석은 자가 되지 말고 오직 주의 뜻이 무엇인가 이
> 해하라_에베소서 5:15~17

바울이 말하는 '지혜 있는 자'는 하나님의 뜻과 계획에 대한 깊은 통찰을 소유한 사람들을 가리킨다. 지혜 있는 사람은 자신의 삶을 주의 깊게 살펴서 주의 뜻에 합당하게 살고자 노력한다. 즉, 하나님의 사람은 자신들이 어떻게 살고 있는지 주의 깊게 살펴봐야 한다. 과연 자신이 하나님의 자녀

로 합당한 삶을 살고 있는지, 빛과 소금의 삶을 살고 있는지, 주님께서 말씀하시는 인격과 삶에 합당하게 살아가고 있는지 살피며 성찰해야 한다.

자신의 삶을 주의 깊게 살피는 지혜로운 사람들은 시간에 대해서 바른 태도를 취한다. 그들은 시간을 허비하지 않고, 세월을 아낀다. 사도 바울이 "아끼라"고 권면하는 말은 원래 뜻이 '값을 주고 사다', '댓가를 지불하고 구해내다'라는 말이다. 이 말은 시간을 구속하라는 말이다. 시간을 되찾으라, 건져내라는 뜻이다. 하나님께서 주신 시간을 허비하지 말고 올바르게 사용해야 한다는 의미다.

"세월을 아끼라"는 말씀에는 기회의 개념이 포함되어 있다. 기회를 되찾으라는 것은 적은 시간에 어떻게 하면 더 많은 일들을 할 수 있을지를 고민하라는 개념이 아니다. 올바른 때에 하나님이 원하시는 일을 선택함으로, 하나님께서 주시는 기회를 놓치지 말라는 것이다. 그 기회를 통해 하나님의 뜻이 이뤄지도록 하라는 말이다. 이것이 세월을 아끼라는 말씀의 의미다.

경영학의 아버지로 불리는 피터 드러커는 시간 관리가 경쟁우위의 원천이라고 강조했다. 시간을 지배하는 자가 성공한다는 말이다. 엘빈 토플러(Alvin Toffler)는 정보사회가 성숙하게 되면 세상은 '빠른 자'(the fast)와 '느린 자'(the slow)로 나뉘고, 빠른 자가 느린 자를 지배하게 된다고 말한다. 빌 게이츠(Bill Gates)는 21세기는 속도의 시대라고 말한다. 미래예측 전문가 집단인 세계미래학회 회장인 티머시 맥(Timothy Mack)은 시간이 돈보다 값진 자원이 되는 '시간 부족'(Time Famine) 사회를 예언했다. 마음속에 담아두어야 할 귀한 통찰들이다.

결국 우리가 추구하고 있는 목표는, 우리가 얼마나 시간을 잘 관리하느냐에 달렸다는 것이다. 시간을 효율적으로 관리한다고 해서 기계처럼 살아갈 것을 의미하는 것은 아니다. 주변이 바쁘게 돌아갈수록 삶의 여유와 깊이를 느낄 수 있는 시간을 확보하는 것이 중요하다. 그런데 그 삶의 여유와 깊이를 느끼기 위해서는 느림이 중요하다고 말한다. 《느리게 산다는 것의 의미》(동문선)의 저자 피에르 상소는 느림은 시간을 흘려 보내는 것이나, 그건 시간을 때우는 것이 아니라 한가로이 거닐거나 상대방의 이야기를 경청하고 꿈을 꾸며 기다리는 것과 같은 적극적인 삶의 한 형태라고 말한다.

이런 생각은 최근에 걷는 것과 같은 자기성찰형 여가활동으로 나타나고 있다. 브라질 작가 파울로 코엘료의 소설 《순례자》(문학동네)를 통해 유명해진 '카미노 데 산티아고의 순례길'이 그 대표적인 예이다. 프랑스의 생장피에르포르에서 스페인의 산티아고 데 콤포스텔라 대성당까지 약 800km에 이르는 시골길을 지금도 수많은 사람들이 걷는다. 사제들만 걷는 것이 아니다. 종교적인 이유를 뛰어넘어 수많은 사연을 가진 사람들이 이 길을 걷는다. 우리나라에서는 제주 올레길이 대표적인 여가활동으로 자리 잡았다. 전통 사찰의 템플 스테이나 천주교의 피정과 같이 명상을 하거나 자신을 돌아보는 일에 여가 시간을 사용하는 사람들도 늘고 있다.

전 세계를 강타한 지구촌 금융위기를 겪은 이후에 많은 사람들이 불안해하고 있다. 이념과 입장이 양극화되면서 균형감각을 유지하기 힘든 시대 속에서 사람들이 방황하고 있다. 그래서 내면의 안정을 되찾고 자신의 모습을 성찰하기 위한 이러한 시도들이 각광받고 있는 것이다. 이런 때일수록 교회는 분명한 영적 대안을 제시할 수 있어야 한다. 진정한 제자로 살아가도록 돕기 위해서, 교회는 쉼과 성찰의 시공간을 확보해야 한다. 말씀 앞에서 자신을 진지하게 돌아볼 수 있는 성찰의 자리를 제공할 수 있어야 한다.

늘 바쁜 일에 쫓기는 삶을 살고 있는가? 새벽부터 저녁 늦게까지 발이 부르트게 시간에 쫓기면서 여유 없이 일만 하고 있는가? 예수님께서도 피곤한 삶을 사셨다. 풍랑이 이는 바다 위에서도 배 뒤쪽에 베개를 베고 곤히 잠드실 정도로 피곤한 삶이셨다. 폭풍우에 비가 몰아치고 바다에서 잔뼈가 굵은 어부들이 두 손을 다 들어버릴 정도로 난리법석을 떠는데도 예수님께서 곤하게 주무셨다는 것은 새벽부터 늦은 밤까지 얼마나 힘들고 고단한 생활을 하셨는지를 엿볼 수 있는 대목이다. 하지만 그런 바쁨 속에서도 예수님은 자신만의 안식의 시간을 가지셨다. 예수님께서는 나사로가 죽어간다는 말을 듣고서도 급한 일에 마음을 빼앗기지 않으시고 중요한 일을 먼저 하셨다. 하나님의 뜻이 무엇인지 살피고, 그 뜻에 따라서 중요한 일을 먼저 하신 것이 바로 시간을 건져내는 것이다.

정신없이 바쁜 일정을 소화하는 교회 지도자들은 여가 시간을 또 다른 바쁜 일로 채우지 말고 Q-Day로 보낼 수만 있다면 사역과 삶을 재활성화할 수 있을 것이다. 시간을 따로 떼어내서 자신의 삶과 사역을 향해 진지하게 질문을 던지는 Q-Day를 가져보라. 그리고 마지막으로 다음의 질문들에 대답해보라.

- 진정한 그리스도의 제자로 살아가기 위해 나에게 필요한 것이 무엇인가?
- 내가 헌신하여 섬기고 있는 공동체의 유익을 위해 무엇을 할 것인가?
- 지금 하고 있는 사역을 좀더 잘 할 수 있는 길은 없을까?
- 나는 지금 적절한 사람들에게 시간과 물질을 투자하고 있는가?
- 내가 욕심을 버리고 내려놓을 것과 위임해야 할 것이 있다면 무엇인가?

Q-Day를 정해 다이어리에 적어보라. 그리고 실천하면서 당신의 삶에 어떤 변화가 생기는지를 관찰하라. 교회 지도자는 단거리 선수가 아니다. 마라토너가 되어야 함을 기억하라.

이 책을 통해 제안되는 것들을 삶에 하나씩 적용해 보는 것은 무엇보다 중요하다.

PART

III

도끼머리의 무게:

인격과 성품

"깨끗한 양심에 믿음의 비밀을 가진 자라야 할지니

…… 책망할 것이 없으면 집사의 직분을 맡게 할 것이요"

_디모데전서 3:9-10

도끼를 선택할 때 고려해야 할 또 다른 요인은 머리의 무게다. 문방구에서 판매하는 문구용 칼의 날이 아무리 날카롭다고 해도 그것으로는 장작을 팰 수가 없다. 나무로 파고 들어갈 수 있는 적당한 무게가 실리지 않기 때문이다. 도끼머리는 적당한 무게를 가지고 있어야 한다. 그 무게에서 나오는 힘이 도끼의 날을 나무속에 파고 들어가도록 만든다. 초보자에게는 2.3kg 이하의 도끼머리를 사용할 것을 추천한다. 무거운 도끼머리가 힘을 더 주지만, 너무 무거우면 내려칠 때 스윙의 정확성을 잃어버리기 때문이다. 도끼머리의 무게는 직분자 훈련과정에서 '인격과 성품'에 비유할 수 있다. 교회에서 많은 성도들을 이끄는 직분자의 인격(성품)이 뒤따르지 않으면 온전한 리더십을 발휘하기가 어렵다.

직분자를 세울 때 가장 무겁게 따져 봐야 할 것은 인격이다. 무디(Dwight Lyman Moody)는 인격이란 아무도 나를 보지 않을 때 나타나는 나의 모습이라고 말한다. 말과 삶이 일치할 때, 그리고 사람들의 눈과 하나님의 눈에 모두 동일한 모습으로 보일 때 우리는 그 사람을 신뢰할 수 있다. 그런데 이런 인격은 겉모습에서 드러나는 것이 아니다. 그래서 시간을 두고 신중하게 검증을 해야 한다. 대구에서 오랫동안 목회를 하시고 은퇴하신 목사님께서 한 번은 신학교에 와서 특강을 하실 때 이런 말씀을 하셨다: "여러분 교회에서 장로를 세울 때, 그분들이 사는 동네의 통반장을 만나서 우리 교회에서 이번에 이분을 장로로 세우려고 하는데 어떻게 생각하시느냐고 꼭 물어보고 세우십시오." 이는 교회 지도자를 세울 때 인격이 얼마나 중요한지를 말씀하신 것이다.

교회에서 제자훈련을 할 때에도 훈련의 목표가 예수님을 닮은 인격에 있어야 한다. 예수님의 제자가 된다는 것은 그분이 가르치는 내용을 이해할 뿐만 아니라 그 가르침대로 살고, 결국은 그분을 닮아가는 것을 의미하기 때문이다. 예수님의 제자답게 산다는 것은 예수님의 인격과 삶을 닮아가는 것이다. 예수님과 같은 모습으로 변화되는 것을 의미한다. 교회 안에서 직분자로 세움받을 때에도 가장 기본적인 조건은 예수님을 닮은 인격을 갖추는 것이다. 임직을 받기 전에 자신이 직분자로서 합당한 신앙의 인격을 갖추고 있는지 점검해야 한다.

✒ 교회 지도자에게 필요한 인격과 성품은 무엇이라 생각하는가? 구체적으로 적어보라.

지도자가 인격적으로 신뢰를 잃어버리면 공동체를 이끌 힘을 상실하게 된다. 바로 몇 달 전에도 서점에서 베스트셀러로 각광받던 목회자의 책들이 서점의 매대에서 사라졌다. 그 책의 내용에 문제가 있다기보다는 그 책을 쓴 사람의 인격에 문제가 생겼기 때문이다. 이처럼 아무리 좋은 말도 그 말을 하는 사람의 인격이 따라오지 못하면 힘을 잃어버리게 된다.

미국의 리처드 닉슨(Richard Nixon) 대통령은 여느 대통령보다도 큰 지지를 얻고 대통령의 자리에 앉았다. 재선에서도 60%라는 높은 지지율로 당선되었다. 그의 리더십은 탁월했다. 그러나 워터게이트 사건(Watergate Affair)이 터졌을 때 그는 2년 동안 그 사실을 은폐했다는 것이 드러났다. 결국 닉슨은 1974년 8월 9일에 스스로 퇴진할 수밖에 없었고, 지금까지도 부도덕한 지도자 중의 한 명으로 인식되고 있다. 인격적 결함으로 신뢰를 잃게 되자 그가 이룬 수많은 업적이 한순간에 물거품이 된 것이다.

론 시몬스는 자신의 저서《인격의 힘》에서 "리더십에 대한 토론은 반드시 능력과 경쟁에 대한 이야기로 시작되지만, 반드시 한 개인의 인격과 성실성에 대한 이야기를 하는 것으로 끝이 난다. 기업이 최고의 수익률을 내고 있다고 해도 경영자는 훌륭하지 못한 리더일 수 있고, 성공적인 미래를 보장받지 못할 수도 있다. 그런 기업과는 다르게 강한 생존력과 최저의 이직률과 근면함을 자랑하는 직원이 종사하는 성공적인 기업들은 분명히 눈에 보이지 않는 무언가를 갖고 있다"고 말한다. 지도자들이 훌륭한 인격과 성품을 가져야 하는 이유가 바로 여기에 있다.

✒ 당신은 교회 지도자로서 훌륭한 인격과 성품을 가지고 있다고 생각하는가? 당신의 장단점을 적어보고, 교회 지도자로서 더욱 발전시켜야 할 인격과 성품은 무엇인지를 구체적으로 적어보라.

나 자신을 스스로 알 수 있는 기회가 되기도 한다. 이 시간을 통해 나를 돌아보고, 부족한 인격과 성품을 어떻게 훈련하여 변화시켜갈지 고민해보라.

평생에 걸쳐 우리가 마음대로 할 수 있는 것들은 너무나 적다. 우리가 부모를 선택할 수도 없고, 태어난 환경과 재능도 내 마음대로 얻을 수 있는 것이 아니다. 하지만 인격과 성품은 선택할 수 있다. 우리가 선택하고 실행에 옮길 때마다, 매순간 우리는 우리의 성품을 빚어가고 있는 것이다. 우리가 그리스도인으로서 신분에 걸맞은 거룩한 인격과 성품을 갖추기 원한다면, 우리는 성령님의 손에 들려 있는 한 줌의 진흙덩이가 되어야 한다. 주님께서 빚으시는 대로, 그분의 뜻대로 만들어지게 해야 한다. 매일 우리에게 들려주시는 하나님의 말씀 앞에서 순종하는 삶을 살자. 그때 우리는 예수님을 닮은 인격으로 변화되어 갈 수 있을 것이다.

하워드 헨드릭스(Howard G. Hendricks)는 다음과 같이 말한다: "오늘날 이 세계의 가장 큰 위기는 리더십의 위기다. 그리고 리더십의 가장 큰 위기는 인격의 위기다." 리더십의 열쇠는 리더의 인격과 성품임을 기억하라. 오늘날 교회 공동체를 이끌어가는 지도자로 부름받은 모든 직분자들을 향해 성경은 책망할 것이 없는 인격과 성품을 요구하고 있다.

01
성경에서 요구하는
지도자의 인격

윌리엄 맥케이(William J. Mckay)는 거룩한 사람은 하나님의 손에 들려진 강력한 무기라고 말한다. 이 시대에 거룩한 삶을 살아가는 주님의 일꾼들이 필요하다. 우리의 삶의 현장 속에서 정치인은 정치인으로, 법조인은 법조인으로, 사업가는 사업가로, 어머니는 어머니로 거룩한 삶을 살면서 거룩한 영향력을 사람들에게 끼칠 수 있는 그런 지도자가 필요하다.

교회의 지도자를 선출할 때 어떤 자격 조건을 가지고 선출하는가? 어떠한 사람이 사람들에게 신뢰를 받는 지도자인가? 성경에서 지도자의 자격을 논하는 구절이 여러 곳 있지만, 가장 대표적인 것이 디모데전서 3장 8~12절 말씀이다.

이와 같이 집사들도 정중하고 일구이언을 하지 아니하고 술에 인박히지 아니하고 더러운 이를 탐하지 아니하고 깨끗한 양심에 믿음의 비밀을 가진 자라야 할지니 이에 이 사람들을 먼저 시험하여 보고 그 후에 책망할 것이 없으면 집사의 직분을 맡게 할 것이요 여자들도 이와 같이 정숙하고 모함하지 아니하며 절제하며 모든 일에 충성된 자라야 할지니라 집사들은 한 아내의 남편이 되어 자녀와 자기 집을 잘 다스리는 자일지니_디모데전서 3:8~12

성경이 말씀하는 지도자의 자격 조건은 대부분 인격(성품)에 관한 것이다. 은사에 관하여 말하지 않는다. 8절의 "정중하고"는 과거 개역한글에 "단정하고"로 기록되어 있다. 이 단정한 자는 진지한 태도를 가지고 살아가는 사람을 말한다. 또한 일구이언을 하지 않는 자는 말과 행동이 일치하는, 소위 통전성(integrity)이 있는 사람을 가리킨다. 즉, 자기가 한 말에 대해서 책임을 지는 사람이다. 종종 사업하는 분들과 대화를 해보면, 동업이나 거래를 할 때에는 기독교인들과는 하고 싶지 않다는 이야기를 듣곤 한다. 믿는 사람들이 끊고 맺음이 부족하고, 확실하지 않다는 것이다. 때문에 신뢰할 수 없는 사람을 교회의 집사로 세우면 안 된다. 그 다음을 보니, "술에 인박히지 아니하고"라고 나온다. 기호 식품이 크리스천으로서의 중요한 자격 조건이 된다는 것을 볼 수가 있다. "더러운 이를 탐하지 아니하고"에서 더러운 이는 부정한 방법으로 축재(蓄財)하는 것을 말한다. 오늘날 잘 살면 하나님의 축복이라고 이야기를 하며, 그가 벌어들인 돈이 어떠한 방법으로 이루어졌는지에 대해서는 무시하는 경우가 있다. 그러나 더러운 부자보다는 차라리 깨끗하고 가난한 사람들이 더 낫다. 물론 기독교인들 가운데 깨끗한 부자들도 필요하다. 깨끗한 양에 믿음의 비밀을 가진 자는, 거룩한 삶을 살아가는 자들을 말한다. 이런 사람들이 이 시대의 지도자라고 말한다.

12절을 보면 "한 아내의 남편이 되어"라고 나오는데, 이는 자녀와 자기 집을 잘 다스리는 자라야 지도자가 될 수 있음을 말한다. 가정생활이 지도자의 검증 조건이 되는 것이다. 이런 자격을 갖춘 자인지 먼저 시험하여 검증을 한 후에 책망할 것이 없는 자에게 직분을 맡겨야 한다. 그가 정말 깨끗한 삶을 사는지, 그의 가정생활은 어떠한지, 그가 하는 사업은 어떤지 검증해 보고 지도자로 세워야 된다. 여기에 나온 목록들을 살펴보면 섬기고 봉사하기 이전에 하나님의 말씀 안에서 인격적으로 변화받아야 지도자가 될 수 있다는 사실을 알 수 있다.

✒ 디모데전서 3장 8~12절의 말씀을 통해 배운, 성경이 말씀하는 교회 지도자의 표면적인 인격과 성품을 정리해보라.

어찌 보면 단순한 정리 같으나, 이를 통해 개인적으로 찔림이 있는 부분이 있을 것이다. 그 찔림을 지나치지 말고, 따로 정리하여 어떻게 변화해 나갈 수 있을지 함께 고민해보면 좋을 듯하다.

리더의 제1 덕목: 통전성

제임스 M. 쿠제스(James M. Kouzes)와 베리 Z.포스너(Barry Z. Posner)는 미국 전역의 직장인을 대상으로 한 광범위한 연구에서, 가장 높이 평가하고 존중하는 리더의 특성이 무엇인지를 물었다. 세월이 지나도 언제나 수위를 차지한 특성은 바로 '정직성' 혹은 '통전성'(integrity)이라고 불리는 덕목이었다. 그들은 "리더십의 기초는 신뢰성(credibility)이다. 그리고 리더의 신뢰성을 확인하는 궁극적인 테스트는 언행일치이다"라고 결론을 내렸다.

맥스 드프리(Max Depree)는 "매사에 온전함이 다른 모든 것에 선행되어야 한다. 온전함이 반드시 겉으로 드러나야 한다. 사람들은 자기 리더의 온전함을 반드시 확인해야 한다. 공인의 삶을 사는 리더는 보여지는 모습이 곧 삶이 된다"고 주장하였다. 온전함이란 불시의 순간을 포함해 어떤 상황에서도 일관성 있는 행동을 뜻한다.

소그룹을 이끄는 순장이면서 KBS 아침마당의 MC인 김재원 아나운서가 펴낸 책,《마음 말하기 연습》에서 그는 자신의 경험을 이렇게 나누고 있다.

유학 중에 아버지가 중풍으로 쓰러지자, 급히 귀국한 그는 아버지를 간호하면서 병원생활을 하던 중에 아나운서의 길을 가게 되었다. 힘든 연수기간을 보내고 춘천으로 발령을 받았다. 새벽에 춘천으로 출근해서 아침방송을 하고, 오후에 퇴근해서 서울로 돌아와 병원에 계시는 아버지를 돌보는 일상이 계속되던 어느 날이었다. 백혈병으로 고통받던 성덕 바우만의 이야기가 전해지면서 골수기증 캠페인이 펼쳐졌다. KBS에서도 전국의 각 도시를 연결하여 특별생방송으로 캠페인을 이끌었는데, 그때 김재원 아나운서는 춘천 명동에서 중계를 하면서 텔레비전에 얼굴을 드러내게 되었다. 방송을 마치고 돌아온 그날 저녁, 병실에 있던 아버지와 병실 식구들이 방송에 나온 그의 모습을 보고 모두 기뻐하면서 칭찬을 아끼지 않았다. 칭찬을 주고받으며 들뜬 마음이 가라앉을 무렵, 병실 창가 쪽에 누워 있던 한 환자가 그를 불렀다. 사고로 두 다리를 잃고 의족을 한 채 재활훈련을 하고 있던 중년의 환자였다. 그는 그와의 대화를 이렇게 기록하고 있다.

"그래, 수고했소. 화면을 잘 받더군. 말솜씨도 수려하고, 잘했소. 그런데 그래, 골수 기증은 했소?"

"네? 아, 골수 기증이요? 아, 아니오."

"아, 그래. 아마 여유가 없었던 모양이군. 그러면 혹시 헌혈은 했소?"

"아, 네. 그게 좀…… 제가 미처 생각을 못했네요."

"아, 그랬군. 난 그냥 하도 골수 기증하라고 말을 잘하기에 당연히 했거니 싶어 물어본 거지. 신경 쓰지 마시오."

그는 망치로 머리를 한 대 맞은 것 같았다. 자신이 고통받는 수많은 백혈병 환자들을 위해 골수 기증을 하라고 외치면서도 실상 자신은 행동 없이 빈말만 하고 있었던 것이다. 자신의 모습을 볼 수 있도록 도와준 중년의 환자와의 대화는 방송인으로 살아가는 그의 삶을 비쳐주는 든든한 버팀목이 되었다고 한다.

교회의 지도자가 된다는 것은 성경공부만 잘 인도한다고 되는 것이 아니다. 사람들에게 감동을 주는 멋진, 미사여구(美辭麗句)를 동원한 설교를 하는 것으로도 안 된다. 이론이 아닌 실제 삶을 나눌 수 있어야 한다. 지도자의 삶이 투명하게 드러날 때 사람들에게 영향력을 끼치고 그들을 이끌 수 있다. 그러나 지도자의 삶이 뒷받침되지 못하면 그들을 이끌 수가 없다. 교회의 지도자들이 실패를 경험하는 가장 큰 이유가 바로 이 때문이다. 말씀대로 살아가는 삶의 모범을 보여주지 못하기에 그의 곁에 가까이 다가간 사람일수록 그에게 실망하며 떠나는 모습을 우리는 종종 마주하게 된다.

교회의 지도자가 사람들에게 감동만 주기를 원한다면, 가능한 사람들과 거리를 멀리 두어야 한다. 하지만 그들의 삶에 변화를 일으키길 원한다면, 최대한 가까이 다가가야 한다. 자신의 삶을 들여다 볼 수 있도록 투명하게 오픈해야 한다. 자신이 가르치는 말씀과 행동이 일치하는 신실함을 증명해 보여야 한다. 설교나 강의는 회중과 거리가 있는 강대에서 전달하는 메시지이기에 자신을 숨길 수 있는 여지가 있다. 하지만 일대일 관계나 소그룹 환경에서는 자신의 삶을 숨길 수가 없다. 진정한 리더십은 자신의 삶을 드러내어 나눔으로 가능하다.

로버트 콜만(Robert Coleman)은 예수님의 제자훈련에서 중요한 원리가 바로 '동거의 원리'라고 말한다. 예수님과 제자들이 함께 먹고, 자고, 길을 가고, 시간을 보냄으로 제자훈련이 이뤄졌다는 것이다. 네비게이토의 도슨 트로트맨(Dawson Trotman)은 샌디에고에 머무는 해군 장병들을 자신의 집으로 데리고 가서 함께 동거하며 훈련을 하였다. 성경공부가 아닌 삶을 나눔으로 제자를 삼은 것이다. 그 결과 하나님 나라를 향해 자신의 삶을 드리는 수많은 동지들을 얻을 수 있었다.

문제는 지도자들의 삶이 완벽하지 않다는 것이다. 사도 바울은 내가 그리스도를 본받은 자가 된 것처럼 너희는 나를 본받으라고 했지만, 우리에게는 늘 허물과 실수가 따라다닌다. 어느 누구도 자신 있게 나와 같이 되라고 말할 수 있는 사람이 없다. 그럼에도 지도자로 부름받은 사람들은 자신의 상처 나고 허물이 많은 모습을 있는 그대로 드러내는 정직함이 필요하다. 실수하고 실패했을 때에는 솔직하게 인정하고 용서를 구하는 진정성이 있어야 한다. 자신이 완벽한 것처럼 치장하고 실수와 허물을 덮기에 급급해서는 도덕적 주도권을 확보할 수 없다.

🖋 통전성을 갖춘 지도자라면, 예수님의 제자훈련과 같이 '동거의 원리'를 적용할 수 있을 것이다. 현 시대 상황에서 동거의 원리를 문자 그대로 다 받아들일 수는 없겠지만, 우리의 상황과 여건에 이를 적용한다면 어떤 방법으로 가능할지 적어보라.

늘 배운 것을 하나씩 개선해 나가면서 적용해 보려고 해야 한다. 한국 교회의 희망은 그것에 있을 것이다. 우리 교회가, 우리 교회 지도자들이 변화되면 결국 한국 교회에 선한 영향력을 끼치게 됨을 기억하라.

리더의 성품 계발

베스트셀러 저자인 케빈 캐시먼(Kevin Cashman)은 "리더들은 그들이 하는 모든 일에 있어 빛을 비추거나 혹은 어두움을 드리울 수 있다. 의식적으로 자기 인식에 집중하면 할수록, 리더들은 더 많은 빛을 비출 수 있다. 반면에 자신에 대한 이해가 부족할수록 더 많은 어두움을 드리우게 된다"고 말한다. 즉 리더는 자신에 대해 이해하고, 자신의 부족한 부분을 채울 수 있어야한다. 지속적인 성품 계발을 통해 리더로서의 자질을 키워나가야 한다. 자신의 강점과 약점을 알고, 한계와 결점을 뛰어넘을 수 있도록 자신을 연단할 때 진정한 리더십을 발휘하게 될 것이다.

앤드류 사이델(Andrew Seidel)은 자신의 저서 《전방향 리더십》(국제제자훈련원)에서 리더의 강점과 약점과 한계 그리고 결점을 다음과 같이 정의한다.

① 강점

강점은 세상에서 하나님의 목적을 이루기 위해 독특하고 중요한 공헌을 할 수 있도록, 하나님께서 우리에게 주신 능력이다. 우리의 강점은 영적 은사나 타고난 재능 안에서 발견된다.

② 약점

약점은 어떤 이유로 우리 안에 아직 잠재되어 있는 능력을 말한다. 이는 인식되지 못한 영적 은사들이거나 아직 계발되지 않은 재능들이라고 할 수 있다. 약점은 적절하게 계발하고 발전시키면 강점으로 바뀔 수도 있다.

③ 한계

한계는 우리가 가지고 있지 않은 능력을 말한다. 아무리 노력해도 잘 할 수 없는 것들이 있다. 한계를 인정할 때 강점과 약점이 더욱 두드러진다.

④ 결점

인간은 누구나 결점을 가지고 있다. 결점은 한계보다 좀더 심각한 것으로, 적절히 다루어지지 않으면 한 사람의 인생과 사역을 망칠 수도 있는 것이다. 성품적인 결점들은 일반적으로 우리 내면 중심에서 은밀하게 약한 부분을 만들어가고, 잠복되어 있다가 일상생활이나 사역 중에 경험하는 스트레스를 건드리면 도덕적으로 순식간에 무너져 내리게 된다.

자신을 돌아보고 강점과 약점과 한계 그리고 결점에 대해 인식했다면, 리더로서 가져야 하는 성품을 계발하기 위해 앤드류 사이델이 제시하는 다음의 네 가지를 실천해보라.

첫째, 강점에 집중하라.

강점을 계발하고 연마하며 표현하라. 대부분의 시간을 강점 활용하는 데 사용하라. 강점을 가진 영역에서 일할 때 가장 큰 만족을 얻게 될 것이다.

둘째, 약점을 계발하라.

당신의 연약한 영역을 계발하라. 약점을 극복할 수 있도록 노력하라. 그러나 이 부분에 주요 시간을 투자하지는 마라. 지극히 한정적인 시간을 가지고 있다면, 강점에 집중하는 것이 더 낫다.

셋째, 한계를 보완할 사람을 두어라.

당신이 결코 잘할 수 없는 영역에 대해 도움을 줄 사람을 찾으라. 그 사람이 가진 은사를 집중해서 사용할 수 있도록 권한을 위임하라. 그렇게 할 때 당신은 당신이 잘하는 다른 일에 집중할 수 있을 뿐만 아니라, 그 사람의 도움을 통해 한계를 넘어서는 일을 경험하게 될 것이다.

넷째, 결점을 드러내어 적절히 대처하라.

당신의 개인적인 성장을 위해서는 결점을 드러내야 한다. 그리고 장기적으로 효과적인 사역을 감당하기 위해 당신의 인격적 결함을 인식하고, 이를 적절히 다뤄라.

위 네 가지 중에서 무엇보다 '결점'을 대처하는 것이 중요하다. 리더의 결점은 성품 계발의 가장 큰 걸림돌이 되기 때문이다. 그렇다면 결점을 어떻게 보완하여 성품 계발을 할 수 있을까?

① 결점을 인식하라.

결점이 문제로 다가오기 전에, 인식하고 정직하게 대하라. 스스로를 보호하기 위해 부인하거나 합리화하지 마라. 무엇보다 다른 사람에게 책임을 전가하지 않도록 주의하라.

② 결점을 주님께 가지고 나아가라.

고통스러운 상황에 대한 건강하지 못한 반응에서 자라난 결점은, 주님 보시기에 '죄'라는 것을 인정하라. 주님의 보혈이 모든 죄를 덮으신다는 것을 기억하고, 결점이 나타날 때 그것들을 무너뜨릴 수 있는 능력을 구하라.

③ 결점에 대해 경계 태세를 갖춰라.

결점들을 쉽게 유발시키는 '계기'가 무엇인지 파악하고, 그런 상황이 발생할 때 하나님께 도우심과 능력을 구하라.

④ 신뢰할 수 있는 관계를 형성하라.

깊은 신뢰를 가지고 교제할 수 있는 사람들과 함께할 때, 거부당할 것에 대한 두려움을 이겨내고 당신의 고통을 그대로 드러낼 수 있다. 서로가 서로의 결점에 대한 책임을 나누어 지고 대처할 때 도움을 주도록 헌신하라.

우리에게는 많은 장점과 은사가 있지만, 동시에 심각한 결점을 소유하고 있는 것도 분명한 사실이다. 우리의 성품은 잘 정제된 순금과 같이 쓰임받기 위해 준비되는 과정 중에 있다. 하나님께서 인생의 여정을 통해 우리를 준비시켜 주고 계신 것이다. 이 준비 과정 가운데 우리는 우리의 강점과 약점을 발견하고 우리의 한계와 결점을 이해해야 한다. 이를 통해 우리는 성품을 계발하고 자질과 역량을 확장해 나가게 된다. 결점을 극복하고 성품을 계발해 나가는 리더는, 하나님께서 그를 위해 준비하신 사역에 온전히 쓰임받고 선한 영향력을 끼치게 될 것이다.

✒ 당신의 강점과 약점과 한계 그리고 결점을 구체적으로 적어보라.

강점	
약점	
한계	
결점	

02
은혜가 없이는 이끌 수 없다

1978년 7월, 강남은평교회라는 이름으로 개척을 준비하던 옥한흠 목사는 다음과 같이 기도했다: "주님, 여러 교회들 가운데 또 하나의 교회를 더하지 말게 하옵소서. 종교적 허세만 가득하고 정작 생명을 잉태치 못하는 불임의 교회를 또 하나 세우지 말게 하소서. 사람을 위한 직함들만 줄줄이 만들고 정작 그리스도의 제자로 사람을 키우지 못하는 무기력하고 무책임한 교회를 만들지 말게 하소서. 내가 그리스도의 군사라는 명쾌한 자기 인식 없이 행사에 바쁜 사교클럽으로 전락하지 않게 하소서. 그리스도 왕국을 전략적으로 이 땅에 구축하는 야전 벙커가 되게 하시고 행정에 분주한 동사무소가 되지 않게 하소서."

창립예배부터 그는 매우 특이하게 시작하였다. 유명한 교계인사에게 설교를 맡기지 않고, 자신이 설교를 했던 것이다. 개척하게 되는 교회의 목표와 방향성을 제시하기 위해서였다. 그때 설교의 제목은 '왜 이 교회를?'이었다. 그는 설교를 통해 예수님의 지상사역을 이 교회의 모델로 삼겠다고 선포했다: 가르치는 교회, 전파하는 교회, 치유하는 교회! 그날부터 사랑의교회 주보에는 이 세 가지 사역모델이 자리를 잡고 교회의 정체성을 드러냈다.

한번은 교역자 모임에서 교회 이름을 가지고 토론을 하게 되었다. 궁금하던 차에 마침 잘되었다 싶어서 나는 다음과 같이 물었다: "목사님, 제자훈련 운동에 앞장선 목사님이 왜 교회 이름을 제자교회라고 짓지 않고 사랑의교회라는 생뚱맞은 이름을 선택하셨습니까?" 그때 옥한흠 목사는 칼과 칼집 이론을 가지고 설명을 하였다. 칼이 날카로울수록 칼집이 좋아야 한다는 것이다. 제자훈련을 한다고 하면서 교회 이름까지 날카로워서야 되겠느냐며 오히려 우리에게 되물으셨다.

지도자의 리더십은 은혜로부터 시작한다

나는 '옥한흠'이라는 이름을 개인적인 경험 속에서 떠올리면, 가장 먼저 떠오르는 단어가 있다. 바로 '은혜'다! 은혜는 그의 삶과 사역을 관통하는 핵심 개념이다. 그는 손녀를 얻었을 때에도 주저 없이 은혜라는 이름을 지어주었다. 또한 은혜에 대한 그의 목마름은 자신의 호를 은혜의 발걸음, '은보'(恩步)라고 짓도록 하였다. 그에게 은혜는 언제나 부담스러운 짐으로 다가왔던 설교를 온전히 감당하도록 만드는 힘이기도 했다.

"흔히들 나를 보고 매주 수만 명의 성도들 앞에서 설교하는 것이 얼마나 보람 있느냐고 하는 말을 자주 했다. 그러나 솔직하게 말해서 설교가 나에게 보람은 안겨주었을지 모르지만, 행복을 느끼게 하는 일은 그리 많지 않았다. 설교의 부담감 때문이었다. 설교에 실망하고 돌아가는 숨은 군중들을 생각하면 두 번 다시 강대상에 서고 싶지 않을 때가 없지 않았다." 옥한흠 목사가 이렇게 매주 다가오는 설교의 중압감 속에서 살아남을 수 있었던 유일한 길이 바로 은혜였다. 그가 붙잡은 유일한 것은 다름 아닌 더 큰 은혜로의 갈망이었다.

옥한흠 목사는 사랑의교회의 위임목사가 되는 날, 자신을 가리켜 '한이 없이 흠이 많은 사람'이라고 소개했다. 그의 자기소개는 단순히 입에 발린 농담이 아니었다. 자신을 향해 늘 그렇게 생각하며 살아왔기 때문이다. 하나님의 은혜가 없이는 오늘의 자신이 존재할 수 없다는 사실을 늘 기억하며 살았다. 한이 없이 흠이 많은 사람이 어떻게 그 무거운 사역의 짐을 감당할 수 있었을까? 바로 하나님의 은혜 때문이었던 것이다. 은혜 없이는 도무지 이 중한 책임을 감당할 수가 없었기에 그는 무릎을 꿇을 수밖에 없었다. 나는 이렇게 무릎을 꿇고 기도하는 그분의 모습을 보면서 기도를 배웠다.

이른 아침에 교회에 나가면 옥한흠 목사의 방에는 이미 불이 켜져 있는 것을 볼 수 있었다. 집무실로 찾아가면 집무실 안에서 도란도란 들려오는 소리도 들을 수 있었다. 어쩌다 문을 열고 들어가면 의자 앞에 무릎을 꿇고 간절히 기도하는 그의 모습을 볼 수 있었다. 그는 오전 이른 시간을 가능한 사람들을 만나지 않고 혼자서 말씀을 묵상하고 기도하는 데 사용하였다. 자신의 사무실에서, 혹은 지하에 있는 본당의 강대상에서 기도하는 모습은 그가 하나님과의 관계를 얼마나 소중하게 생각하며 주님이 부어주시는 은혜를 얼마나 사모했는지를 여실히 보여준다.

옥한흠 목사가 제자훈련을 인도하는 목회자들에게 늘 강조하면서 주문하는 것도 은혜였다: "제자훈련은 은혜가 하는 것입니다. 내가 하는 게 아닙니다. 은혜가 하려면 은혜가 있어야 합니다. 은혜를 알아야 합니다. 만약 여러분이 이런 부분에서 부족하다면 정말 고민해야 합니다. 고민을 하지 않고 자연스럽게 받아들이면 삯꾼입니다."

지도자의 리더십은 은혜에서부터 온다. 지도자가 은혜를 모르면 교만해진다. 자신이 모든 것을 다 섭렵해서 안다고 착각한다. 그래서 자신은 은혜 받을 생각을 못한다. 자신은 주변에 있는 사람들에게 은혜의 나눠주는 통로라고만 생각하게 된다. 하지만 하나님께서는 때때로 우리 주변에 있는 사람들을 은혜의 채널로 사용하실 때가 있다. 지도자가 그 은혜의 세계를 모르고 자기는 잘 하고 있다고 생각하면 영적 상태가 비참해진다. 사람들을 이끄는 리더십의 저력은 은혜에 있기 때문이다. 그렇다면 은혜란 무엇인가?

은혜란 나의 연약함을 아는 것이다

은혜란 하나님께서 나의 연약함을 아시고 나와 같은 사람에게 자신을 계시하시는 것이다. 고린도전서 15장 8~10절에서 바울은 부활하신 주님이 자신의 살아나심을 제자들에게 보여주시는 내용을 이야기하다가 다음과 같이 간증한다: "맨 나중에 만삭되지 못하여 난 자 같은 내게도 보이셨느니라." 은혜란 나의 연약함을 아는 것이다. 은혜란 하나님께서 나의 연약함에도 불구하고 나에게 자신을 계시하신 것을 말한다.

내가 연약함에도 불구하고 죄와 사망의 권세를 이기신 그 주님께서 비천한 나를 먼저 찾아오셨다. 바울은 이 사실 앞에서 무너졌다. 다메섹 도상에서 특별한 체험을 통해서 그 사실을 깨닫게 된 바울에게는 그 강도가 우리보다 훨씬 더 높았을 것이다. 핵폭탄과도 같은 만남이었다. 그 만남을 경험한 사람은 교만을 떨 수가 없다. 자신이 얼마나 악한 존재인지를 알기 때문이다. 은혜를 경험한 사람은 겸손하게 맡겨진 일을 감당하게 된다.

직분자라면 누구나 나 같은 사람을 찾아와 만나주신 주님께 대한 넘치는 감격이 있어야 한다. 그 기쁨과 감격이 은혜의 시작이다. 이 감격이 얼마나 큰가를 아는 사람이 은혜를 아는 지도자라고 말할 수 있다. 이 은혜의 관계가 없다면 우리가 땀 흘려 열심히 일하는 것은 아무런 의미가 없다.

> 형제들아 너희를 부르심을 보라 육체를 따라 지혜로운 자가 많지 아니하며 능한 자가 많지 아니하며 문벌 좋은 자가 많지 아니하도다 그러나 하나님께서 세상의 미련한 것들을 택하사 지혜 있는 자들을 부끄럽게 하려 하시고 세상의 약한 것들을 택하사 강한 것들을 부끄럽게 하려 하시며 하나님께서 세상의 천한 것들과 멸시 받는 것들과 없는 것들을 택하사 있는 것들을 폐하려 하시나니 이는 아무 육체도 하나님 앞에서 자랑하지 못하게 하려 하심이라_고린도전서 1:26~29

하나님께서 우리를 택하신 모습을 살펴보면 우리 중에 가문 좋은 사람, 지혜로운 사람, 부한 사람이 그리 많지 않다. 대부분 다 무식하고 가난하고 가문도 별로 좋지 않다. 그럼에도 하나님께서 우리를 부르셨다는 것을 강조하고 있다. 다시 말해, 예수 그리스도께서 천하에 쓸모없는 나 같은 사람을 찾아와 만나주셨다는 것이다. 우리는 이것을 가리켜 구원의 감격이라고 말하고 중생의 체험이라고도 말한다.

교회에서 직분자로 부름을 받은 사람이라면 누구나 진지하게 자신을 살펴봐야 한다. 정말 나 같은 사람을 찾아오신 예수 그리스도 앞에서 깨어지고 두려움에 몸을 떨 만큼 하나님의 사람을 경험했는지를 돌아봐야 한다. 은혜를 아는 직분자는 그런 사실에 대해서 부인할 수 없는 내면의 깊은 체험이 있다. 주님을 만남으로 얻은 놀라운 기쁨과 감격의 경험이 있다.

은혜는 자신이 얼마나 흉악한 죄인인지를 깨닫는 것과 연결되어 있다. 마치 이사야가 하나님의 영광을 대할 때, "화로다 나여 망하게 되었도다"라고 외쳤던 것과 같다. 거룩하신 하나님을 만나면 우리는 베드로처럼 그분 앞에 무릎을 꿇고 "나를 떠나소서 나는 죄인이로소이다"라고 고백할 수밖에 없다. 진정 하나님을 만난 사람은 자신이 얼마나 큰 죄인인지를 알고 죄책감을 갖게 된다. 그 죄책감이 얼마나 무겁고 힘든 것인지를 바울은 알았다. 그래서 그는 자주 "내가 전에는 훼방자요 핍박자요"라고 고백했던 것이다. 자신의 죄에 대해 사무치는 죄책감을 가지고 있는 사도 바울에게 있어서, 자신이 남긴 업적은 자신의 것이 아니라 은혜가 했다고 고백한다.

그러나 내가 나 된 것은 하나님의 은혜로 된 것이니 내게 주신 그의
은혜가 헛되지 아니하여 내가 모든 사도보다 더 많이 수고하였으나
내가 한 것이 아니요 오직 나와 함께 하신 하나님의 은혜로라_고린도
전서 15:10

우리가 알다시피 사도 바울은 엄청난 업적을 남겼다. 그러나 그는 자신
이 이것들을 이룬 것이 아닌 오직 은혜가 했다고 말한다. 그렇다! 은혜가
하는 것이다. 주님을 만나는 은혜, 죄를 사하시는 하나님의 은혜, 섬기는 사
역마다 넘치는 열매로 함께해주시는 은혜, 그 은혜가 교회의 직분자를 세우
고 쓰임받게 하는 것이다.

은혜를 아는 지도자들이 필요하다. 너무 잘 생긴 집사, 너무 깨끗한 안
수집사, 너무 똑똑한 권사, 너무 머리가 좋은 장로, 너무 많이 가진 목사는
하나님의 은혜가 아닌 다른 것을 기댈 가능성이 높다. 외적으로 자랑할 만
한 것이 많은 지도자는 은혜를 잊어버리기 쉽다. 학력도 좋고 겉으로 보기
에 흠잡을 데가 없는 교회 지도자들이 많다. 문제는 은혜가 있느냐는 것이
다. 직분을 맡은 자들에게 은혜가 없으면 망할 수밖에 없다. 그래서 직분자
들은 은혜를 받기 위해서 몸부림을 쳐야 한다. 사역에 바빠서 기도하지 못
하는 직분자는 벼랑 끝에 있는 것처럼 위험하다. 지도자가 먼저 은혜를 받
아야 한다.

✒ 당신에게는 어떠한 은혜가 있는가? 구체적으로 은혜를 적어보라.

은혜는 과거뿐 아니라 현재진행형이어야 한다. 과거에 내가 이런 은혜를 받았다보다는 지금 내가 어떤 은혜를 받아서 살고 있는지에 초점이 맞춰지면 좋을 듯하다.

03
성공이 아니라 섬김이다

한국 교회가 안고 있는 많은 문제들은 목회자와 장로의 문제, 즉 지도자들의 문제라고 해도 과언이 아니다. 2017년에 기독교윤리실천운동이 (주)지앤컴리서치에 의뢰해 한국 교회에 대한 신뢰도 여론조사를 발표했는데 결과가 충격적이다. 한국 개신교를 신뢰한다는 응답 비율은 겨우 20%에 불과했지만, 신뢰하지 않는다는 응답은 51%에 이르고 있기 때문이다. 한국 교회가 사회와 국민의 신뢰를 잃어 이제는 교회가 세상을 걱정하는 것이 아니라 오히려 세상이 교회를 걱정하는 지경에 이르렀다고 진단했다. 이에 한국 교회에 제2의 종교개혁이 필요하다는 데 많은 사람들이 공감하고 있다.

한목협(한국기독교목회자협의회)에서 펴낸 《한국기독교 분석리포트》(도서출판 URD)를 보면 신뢰도가 땅바닥에 떨어진 원인으로 몇 가지를 짚고 있다:

"한국 교회 목회자나 성도들에게 언행일치가 이루어지지 않는다. 교회가 교회 확장에만 관심이 있다. 교회가 전도할 때 너무 강제적이고 집요하다. 교회가 너무 자기 교회 중심이다. 교회 안에 분열과 다툼이 심하다. 목회자가 사리사욕을 취한다. 타종교에 대해 너무 배타적이다. 지나치게 율법적이다. 외형에 치우치고 있다. 세속화되어 세상 사람들과 별반 다를 바가 없다." 요약하면, 한국 교회가 영성과 도덕성을 상실했다는 것이다. 그리고 거기에는 목회자를 비롯해서 한국 교회 지도자들의 책임이 크다고 말한다. 이렇게 바람직하지 못했던 교회 지도자들의 모습들이 변화될 수만 있다면 한국 교회는 세상을 향해 보다 더 거룩한 영향력을 끼칠 수 있을 것이다.

성경적 다스림의 의미

가르치는 장로인 '목사'와 다스리는 장로인 '장로'는 대부분의 한국 교회에서 교회의 각종 사안에 대해서 의논하고 결정하는 최고 의결권자들이다. 이들이 모여서 당회를 구성하고, 교회를 이끌어간다. 그런데 당회가 하나 되지 못하고 모범을 보이지 못하면, 교회는 갈등에 휩싸이고 혼란에 빠지게 된다. 건강하지 못한 당회를 가진 교회는 사회적으로 교회의 신뢰를 떨어뜨리고 복음의 장애물로 전락한다. 그래서 목회자뿐만 아니라 장로가 함께 변해야 교회가 산다는 말을 한다. 모 목사는 이러한 교회의 구조적 문제점에 대항하며 생사를 건 교회개혁을 해야 한다고 주장하기도 한다.

오래전, 장로수련회에서 주제 강의를 맡은 옥한흠 목사는 다스리는 장로의 의미가 세상적인 사고방식으로 왜곡되었다고 주장하며 이런 잘못된 의식을 뜯어고쳐야 한다고 역설했다. 무엇보다도 먼저 목회자나 장로를 교회의 규모나 유명세를 가지고 평가하려는 잘못된 태도에서 벗어나야 한다고 말했다. 장로들이 영적인 힘을 가지고 이러한 풍토에서 자유롭게 될 때 장로직의 존귀함을 회복할 수 있다는 것이다.

여기서 다스리는 장로라는 표현의 '다스린다'는 의미를 명확히 할 필요가 있다. 데살로니가전서 5장 12절을 보면 장로를 "너희 가운데서 수고하고 주 안에서 너희를 다스리며 권하는 자들"이라고 표현한다. 여기서 수고하고 다스리며 권하는 자들은 각기 다른 세 사람을 말하는 것이 아니다. 1인 3역을 의미한다. 먼저 장로가 섬김의 수고를 할 때, 거기에서 다스리는 권위가 나오다는 것이다. 이것이 교회에서 말하는 다스림의 의미다. 장로가 감당해야 할 다스림은 '섬김'이다.

성경적인 다스림이란 섬김을 증명하는 것이다. 교회의 다스림은 섬김이다. 《서번트 리더십》(시대의창)이란 책에서 제임스 C. 헌터(James C. Hunter)는 권력과 권위를 구분하여 섬김의 리더십을 설명하고 있다. '권력'은 지도자가 지위와 힘을 이용해서 원치 않는 사람에 대해서도 자신의 의지대로 행동하도록 강제 또는 지배하는 능력을 말한다. 반면, '권위'는 지도자의 영향력을 통해 다른 사람들이 기꺼이 자신의 의도대로 행동하도록 유도하는 능력을 말한다. 섬김의 수고를 통해서 얻게 되는 다스림은 권력이 아니라 권위를 의미한다. 진정한 리더십은 권력이 아니라 권위에서 표출되는 것이다.

지위와 능력으로 권력을 동원할 때에는 인간관계에 좋지 못한 영향을 끼친다. "내가 요구하는 대로 하지 않으면 당신은 해고야"라는 식으로 권력을 사용하는 것과 같다. 그러나 도덕성과 섬김, 즉 인격적 감화에서 우러나오는 권위는 관계를 파괴하지 않으면서도 발휘된다. 이러한 영향력은 '섬김'에서 시작된다. 권력이 아닌 권위에서 세워지는 다스림은 어떤 직책이나 위치가 아니라 태도를 말하는 것이다. 종으로서의 희생을 각오하고, 기꺼이 다른 사람들의 필요를 채우는 마음을 뜻한다. 이러한 섬김은 처음에는 눈에 띄지 않지만, 얼마 안 가 사람들은 그를 의지하며 찾게 될 것이다. 섬김의 사역으로 인해 거룩한 영향력이 전달되고, 이를 통해 사람들은 그리스도를 닮아가게 된다.

　장로와 목사가 서로 파워게임을 하게 되면, 그들의 직분은 오히려 화가 된다. 그들이 교회에 걸림돌로 작용, 주님의 몸된 교회를 병들게 하기 때문이다. 지도자들의 야망을 위해 성도들이 희생되어서는 안 된다. 성도들이 목사나 장로를 위해서 존재하는 것이 아니다. 오히려 목사와 장로가 성도들을 위해서 부름받았다. 교회의 지도자들은 기득권을 포기하고, 섬김으로 얻어지는 권위로 주님의 교회를 살게 하고 바르게 세워나가야 한다.

🖋 성경이 말씀하는 '다스림'의 의미를 당신의 말로 정리해보라.

성경이 말씀하는 '다스림'이란 세상적인 의미와는 다르다. 권력과 권위의 의미까지 정리해
보면서, 당신이 지금까지 생각했던 다스리는 장로와 새롭게 배운 다스리는 장로의 차이를
솔직하게 나눠보라.

성경적 겸손과 섬김의 의미

지난 10여 년간 세계에서 가장 영향력 있는 경영학자로 알려진 짐 콜린
스(James C. Collins)는 자신의 저서《위대한 기업은 다 어디로 갔을까》에서 아
내와의 경험을 이야기한다.

8월의 어느 구름 한 점 없던 날, 짐은 아내 조앤과 콜로라도의 애스펜
외곽에 있는 고개의 오르막길을 달리고 있었다. 3,400m 고지에서 가쁜 숨
을 몰아쉬며 짐은 달리기를 포기하고 걷기 시작했지만, 조앤은 오르막길을
계속 뛰어갔다. 공기가 희박한 지대에서나 볼 수 있는 낮은 관목으로 이루
어진 지점에서 그는 선홍색 티셔츠를 입고 산등성이를 향해 달리는 조앤의
뒷모습을 지켜보았다. 이러한 경험을 하고 두 달 후, 조앤은 유방암으로 양

쪽 유방을 절제해야 한다는 진단을 받았다. 두 달 전의 조앤의 모습은 아름다운 건강미의 상징이라 할 수 있었다. 하지만 그 순간에도 조앤은 이미 암덩어리를 몸에 지니고 있었던 것이다.

짐 콜린스는 한때 위대했던 기업들이 몰락하거나 실패하는 원인에 궁금증을 가지고 과거에 연구 프로젝트를 진행할 때 수집해 두었던 상당량의 데이터를 분석한 결과, 강한 기업이 몰락하는 과정을 5단계로 추출해낸다: 1단계-성공으로부터 자만심이 생겨나는 단계, 2단계-원칙 없이 더 많은 욕심을 내는 단계, 3단계-위험과 위기 가능성을 부정하는 단계, 4단계-구원을 찾아 헤매는 단계, 5단계-유명무실해지거나 생명이 끝나는 단계. 위대한 기업이라 할지라도 휘청거리고 어려운 지경에 빠질 수 있고, 또 다시 회복할 수도 있다. 그렇다면 몰락하지 않고 지속적인 위대한 기업으로 이끄는 리더십은 어떤 특징이 있을까?

짐 콜린스가 발견한 '좋은' 기업과 '위대한' 기업의 차이를 만드는 리더십의 특징은 어떤 특정한 역량이나 카리스마가 아니었다. 그가 발견한 특징은 놀랍게도 '겸손'이었다. 여기서 말하는 겸손은 단순히 부드러움을 의미하는 것이 아니다. '의지를 가진 불타오르는 열정적 비전의 겸손'을 말한다. 겸손한 리더가 없는 조직은 그동안 이룬 성공에 도취해서 자만심으로 스스로를 격려하게 된다. 겸손의 반대는 교만이다. 교만은 우리가 쉽게 빠지는 함정인데, 이는 지금까지의 지나온 과정에서 오늘의 내가 있도록 도움을 준 사람들을 모두 잊어버리는 것이다. 또한 인위적인 권위를 만들어 내려고 하다가 무리수를 두기도 한다. 이런 면에서 겸손은 사실을 사실대로 보는 정직한 태도라고 말할 수 있다.

오늘날 한국 교회가 위기에 처했다고 말한다. 어쩌면 짐 콜린스의 아내처럼 겉으로는 화려하고 멋있게 보이지만 암덩어리를 가지고 살아가고 있는지도 모른다. 이런 위기의 상황에서 벗어나 회복되기 위해서는 그 어떤 것보다도 겸손과 섬김의 자세가 필요하다. 현재의 모습을 있는 그대로 직시하고 자만함을 내려놓을 때, 엎드릴 수 있을 때 다시 회복할 수 있는 길이 보일 것이다. 자신에 대한 믿음을 내려놓고, 하나님을 신뢰하는 믿음으로 겸손하려고 애쓸 때 우리는 위기를 기회로 바꿔놓을 수 있다.

모든 사람들이 저마다 높아지려고 발버둥치는 시대의 흐름 속에서 살아가는 우리 그리스도인들에게 예수님께서는 우두머리가 되려고 하기보다는 섬기는 종이 되라고 말씀하신다. 시대의 흐름을 거스르라는 말씀이다. 예수님께서도 이 땅에 섬기려고 오셨다. 그 섬김의 극치가 바로 십자가의 구원으로 이어졌다. 예수님께서는 자신을 가리켜 "섬김을 받으려 함이 아니라 도리어 섬기려 하고"라고 말씀하신다.

예수님의 인생은 어그러진 세상 속에서 사람들의 음모에 이리저리 치이고 우여곡절 끝에 운명이 뒤바뀌게 되어 십자가를 지신 것이 아니다. 어쩌다 보니 십자가까지 온 것이 아니라 아예 처음부터 섬기려 오셨고, 십자가를 지시기 위해서 이 땅에 오셨다. 십자가가 예수님 인생의 목적이고 사명이었다. 예수님께서는 구약의 선지자들이 예언한 대로 우리 모든 사람들을 구원하기 위해, 대속물이 되시기 위해, 나무에 달려 죽기 위해서 오셨다. 그분의 발걸음은 모두 골고다를 향하여 가는 걸음걸이었다.

더불어 예수님께서는 제자들에게 이 세상의 가치관에 따라 살지 말고, 예수님과 같은 길을 걸어갈 것을 가르치셨다.

> 예수께서 제자들을 불러다가 이르시되 **이방인의 집권자들이 그들을 임의로 주관하고 그 고관들이 그들에게 권세를 부리는 줄을 너희가 알거니와** 너희 중에는 그렇지 않아야 하나니 너희 중에 누구든지 크고자 하는 자는 너희를 섬기는 자가 되고_마태복음 20:25~26

높은 자리와 권력을 가지면 두 가지를 할 수 있다. 첫째, 주인 노릇을 할 수 있다. 권세자들에게 주어진 권세는 백성들을 위한 것이다. 그럼에도 마치 자기 것인 양 마음대로 사용한다는 것이다. 둘째, 권위를 부린다. 이는 자기에게 주어진 권세를 가지고 이기적인 목적, 사리사욕을 추구하기 위해 오용하고 남용하게 된다는 것이다. 권력과 돈과 명예와 높은 지위가 있으면 자기 멋대로 사람들을 움직일 수 있고, 자신의 명령에 사람들이 죽고 살게 할 수 있다. 그러나 이것은 모두 세상적인 가치관이다. 오늘날 우리가 살아가는 세상은 닭의 세계처럼 서열을 중시하는 세계가 되었다. 닭은 동물 중에 가장 힘에 의한 엄격한 질서를 추구하는 동물이다. 서열을 완벽하게 정하기 전에는 잠도 자지 않고 먹이를 먹지도 않는다고 한다. 마치 닭의 세계처럼 한국은 서열에 매우 민감한 사회다.

프랑스 사람 에리크 쉬르데주(Eric Surdej)는 자신의 저서《한국인은 미쳤다!》에서 자신의 경험을 가지고 다음과 같이 말한다: "한국인에게 있어서 한 기업의 최고 간부는 곧 신이다." 하루는 그가 근무하는 한국 대기업의 프랑스 법인에서 부회장을 모시고 만찬이 열린 적이 있었는데, 만찬이 마무리 될 즈음 누군가가 스마트폰으로 부회장의 사진을 찍었다고 한다. 그런데 프랑스 법인장이 쉬르데주를 불러 부회장 사진을 찍은 사람을 해고하라고 지시하였다. 이에 그는 그 말을 듣고 어안이 벙벙했었다고 전한다. 굳이 한 기업의 최고 간부가 아니더라도, 우리는 서열에 매우 민감하다. 서열을 중시하는 것이 100% 잘못된 일인지는 판단할 수 없지만, 그가 이러한 문화를 보고 경악을 금치 못했다는 것은 확실하다. 그는 한국인이 '서열'을 중시하는 이유가, 서열을 중시해야만 효율적으로 일을 수행할 수 있다는 생각 때문이라고 말했다.

소위 천민자본주의 핵심도 서열이다. 경쟁에서 승리한 결과로 획득한 자신의 서열을 과시하며 행복해 한다. 우리는 서열을 확인하기 위해 자식 자랑, 회사 자랑, 돈 자랑, 신랑(신부)자랑을 늘어놓는다. 나이를 들먹거리는 것도 마찬가지다. 우리는 어떤 문제가 생기면 "너 몇 살이냐?"를 확인하고 서열을 정하려는 문화에 젖어 있다. 행복감과 불행감이 서열에 달려 있기 때문이다. 권세를 부리며 마음대로 살고, 모든 사람이 내 앞에서 무릎 꿇는 것을 보고 싶은 것이 인간의 소원이다. 예수님의 열두 제자들이 모두 그랬고, 우리도 마찬가지다. 그러나 하나님의 나라는 이런 세상과 전혀 다른 질서가 있는 곳이다. 사랑과 의와 화평의 나라다. 사랑이 다스리는 나라, 내 뜻이 아니라 하나님의 뜻이 실현되는 곳이다. 그래서 예수님께서는 "너희 중에는 그렇지 않아야 하나니"라고 말씀하셨다.

✒ 성경이 말씀하는 '겸손과 섬김'의 의미를 당신의 말로 정리해보라.

성경이 말씀하는 '겸손과 섬김'은 세상을 거스른다. 그러나 우리는 예수님의 명대로 그렇지 않아야 한다. 이 문항과 더불어 교회의 직분자로 세워지고 나서 당신의 마음에 들었던 교만을 솔직히 털어놓아보라.

하나님 나라의 으뜸이 되는 법

어떻게 하면 하나님 앞에서 으뜸이 될 수 있을까? 하나님 나라에서 으뜸이 되는 방법은 모든 사람의 종이 되는 것이다. 어느 특정한 사람의 종이 되는 것이 아니라 모든 사람의 종이 되어야 한다. 나보다 높고 힘이 있으며 영향력이 있는 사람은 잘 섬기지만, 반대로 나보다 힘이 없고 연약하며 보잘것없는 사람은 잘 섬기지 못하고 도리어 무시할 수 있다. 진정한 섬김은 같은 동료, 같은 위치에 있는 사람들, 나보다 더 연약하고 힘이 없는 자들을 잘 섬기는 것이다.

예수님께서는 제자들이 섬김보다 권위에 관심이 있으며, 그들이 멸시하는 이방인과 같이 되었다고 말씀하신다. 하나님 나라의 위대함은 세속적 세계에서의 위대함과는 정반대에 있음을 기억하라. 원래 섬김은 종들이 또는 하급자가 마지못해 생계를 위해 섬겼으나 주님은 자발적으로 자원하여 사랑으로 섬기셨다. 예수님께서는 섬김을 수치스러운 일이 아니라 의미 있는 일이며, 가치 있는 일로 바꾸어 놓으셨다. 개념과 가치의 혁명이 일어난 것이다. 여기에 하나님 나라의 특성이 드러난다.

섬김은 낮아짐이다. 사랑의 섬김은 약자들에 대한 관심과 돌봄이다. 디트리히 본회퍼(Dietrich Bonhoeffer)는 인간은 타인을 위한 존재이어야 한다고 말한다. 칼빈은 신자들이 돈을 버는 이유는 사회적으로 약한 자를 돕고 그들과 재물을 나누어 갖기 위함이라고 하였다. 하나님 나라에 속한 자들은 이러한 섬김을 훈련해야 한다. 성경은 성찬식 못지않게 예수님의 세족식과 수건의 의미를 강조하고 있다.

섬긴다는 것은 결코 피동적인 이야기가 아니다. 능동적이고 자원적 봉사며 즐거운 섬김일 뿐만 아니라 사랑의 자발적 희생을 말한다. 자원성과 자발성이 사람을 자유하게 한다. 비록 왕이라 할찌라도 억지로 왕이 되어 있다면 그는 노예요 종에 불과하다. 그러나 비록 남의 집에 가서 허드레일을 하며 지낸다 하더라도 자원해서 하고 즐거운 마음으로 한다면, 그 사람은 왕이요 자유인이다. 누구든 사랑하는 마음으로 행하면 그것이 자유가 된다. 그리고 행복하다. 자유함과 무한한 즐거움이 있다. 그러기에 섬기는 자가 된다는 것은 참으로 신비로운 것이다.

일제강점기 헐벗고 고통받던 시절, 검정고무신과 무명한복을 입은 한 여인이 전라도 일대를 한 달여 간 순회한 뒤 이런 글을 남겼다: "이번에 만난 여성 500명 중 이름이 있는 사람은 열 명뿐입니다. 1921년 조선 여성들은 이름 없이 큰년이, 작은년이, 언년이, 간난이, 개똥이 등으로 불립니다. 이들에게 이름을 지어주고 글을 가르쳐 주는 것이 저의 가장 큰 기쁨입니다." 간호 선교사로 조선에 발을 내디딘 엘리자베스 요한나 쉐핑(Elisabeth Johanna Sheppin, 1880~1934)의 기록이다. 당시 조선의 상황은 말할 수 없을 정도로 가난했고, 전염병으로 병자가 넘쳐나던 시절이었다. 그녀는 조선에 선교사로 왔지만, 백성들 위에 군림하지 않았다. 오히려 누릴 수 있는 권리를 포기하고 섬김에 사용했다. 그녀는 조선인들 일상의 눈높이에서 먹고 마시며 함께 생활하였다.

또한 그녀는 서양식 삶을 버리고 조선말을 익혀 자신의 이름을 '서서평'(徐舒平)이라 지었다. '서서히, 소처럼 느릿느릿, 모난 성질을 평평하게'라는 의미를 담은 이름이다. 한복을 입고 된장국을 먹으며, 조선인들조차도 멸시했던 고아와 과부와 나병환자 등을 먹이고 교육하며 헐벗은 사람들 속으로 들어갔다. 그녀는 '조선인의 친구'가 아닌 그저 '조선인'으로 살았다. 그녀의 당시 일기엔 다음과 같은 기록이 남아 있었다: "한 달간 500명의 여성을 만났는데, 하나도 성한 사람 없이 굶주리고 있거나 병이 들어 앓고 있거나 소박을 맞아 쫓겨나거나 다른 고통을 앓고 있었습니다." 그녀가 활동했던 시기, 이 민족의 어둠을 그대로 보여주는 대목이다.

당시 선교사에게 주어진 하루 식비는 3원, 그녀는 10전으로 허기를 채우고 나머지는 어려운 사람들을 위해 사용했다. 걸인들을 데려와 씻기고 옷을 사 입히는가 하면, 환자가 버린 아이를 수양아들로 삼기도 했다. 그렇게 데려다 키운 아이가 14명, 아이 낳지 못해 쫓겨나거나 오갈 데 없는 여인 38명도 거두어 보살폈다. 한번은 병원 앞에 버려진 아기를 어느 집에 맡겼는데 잘 키우겠다는 약속과 달리 술심부름을 시키는 것을 보고 그동안의 양육비를 주고 데려 오기도 했다.

가진 것을 가난한 이들에게 모두 내어주고 정작 자신은 영양실조로 삶을 마감한 서서평 선교사가 떠난 남루한 방에 남은 것이라곤 남에게 나눠주고 반쪽이 된 담요와 동전 일곱 전 그리고 강냉이 두 홉뿐이었다. 거적때기를 덮고 자는 사람에게 그의 담요 반쪽을 찢어주고 남은 반쪽으로 가냘픈 몸을 가린 채 이 땅의 삶을 마쳤다. 그리고 그녀의 침대에는 이런 글귀가 적혀 있었다: 'Not Success, But Service!'(성공이 아니라 섬김이다!)

✒ '성공이 아니라 섬김이다!'의 의미를 생각해보라. 더불어 하나님 나라의 으뜸이 되기 위해 당신은 어떠한 교회 지도자가 될지 구체적으로 적어보라.

교회의 지도자인 당신은 이제 모든 삶의 초점이 겸손과 섬김에 맞춰져야 한다. 구체적으로 적은 항목들을 지금 당장 실행해보라. 나아가 일주일, 한 달 뒤에 함께 나누며 격려의 시간을 가져보길 바란다.

진정한 섬김은 대가를 바라지도, 자기의 유익을 구하지도 않는다. 알아주지 않는다고 섭섭해 하지도 않는다. 섬김은 그 자체에 의미가 있고 기쁨이 있다. 예수님의 사명 섬김을 우리도 본받아 섬김의 삶을 살아야 한다. 예수님 삶의 목적이 성공이 아니라 섬김이듯, 우리 삶의 목적도 성공이 아니라 섬김이어야 한다.

04
제자도의 회복이 관건이다

미국 남가주대학(USC)의 철학과 교수이자 우리 시대 복음주의의 거장인 달라스 윌라드(Dallas Albert Willard)가 2013년에 소천하였다. 윌라드 박사는 기독교 변증가로 젊은 시절부터 복음에 대해 비기독교인들과 거침없이 논쟁을 벌여 왔던 분이다. 미국의 기독교 잡지인 크리스처니티 투데이(Christianity Today)는 그를 가리켜 '이 시대 최고의 기독교 변증가이자 가장 탁월한 복음주의 사상가 가운데 한 분'이라고 평했다.

윌라드 박사는 자신의 저서 《잊혀진 제자도》(복있는사람)에서 오늘날 '제자'가 되지 않고도 그리스도인으로 사는 데 아무런 문제가 되지 않는 신앙의 형태를 교회가 용인하고 있다고 지적한 바 있다. 제자가 사라진 변종 기독교에 대해서 '뱀파이어 그리스도인'이라는 자극적인 용어도 서슴지 않았다. 이는 구원에 필요한 그리스도의 보혈에만 관심이 있을 뿐 그리스도인으로서 순종하며 제자로서 합당한 삶을 사는 것에는 전혀 관심이 없는 그리스도인들을 지칭하는 말이다. 이러한 현실 인식 속에서 그는 우리 시대 최대의 명제가 제자도를 회복하는 것이라고 단언하였다.

풀러신학교(Fuller Theological Seminary)에서 목회학 박사 프로그램의 디렉터로 일했던 그레그 옥던(Greg Ogden) 목사 역시 오늘날의 제자도를 '껍데기 제자도'라고 부르기를 주저하지 않았다. 오늘날 교회가 그렇게 형편없는 수준으로 전락한 원인 중 첫 번째로 목회자들의 소명 의식을 들었다. 목회자들이 자신들의 가장 중요한 소명을 등한시하고, 몇 가지 프로그램을 통해서 제자들이 만들어진다고 생각하는 것이 문제라는 것이다.

달라스 윌라드나 그레그 옥던의 이러한 진단이 미국 교회에만 해당되는 것은 아니다. 한국 교회에서도 충분히 동감할 수 있는 매우 현실적인 진단이다. 전통적인 교회에 머물고 있는 교회나 새로운 시대에 발맞추어 변신을 꾀하는 교회나 마찬가지다. 오늘날 우리가 유행처럼 따라서 제자훈련, 셀교회, 리더십, 영성 등의 이름을 걸고 하고 있는 모든 목회 프로그램도 제자도의 잣대를 가지고 다시 한 번 꼼꼼히 따져 볼 필요가 있다.

참된 제자가 된다는 것은 순종이다

달라스 윌라드는 참된 제자가 된다는 것은 '순종'을 의미한다고 말한다. 우리의 모든 삶의 영역 속에서 그리스도를 따르고자 하는 진지한 추구, 즉 순종의 자세가 필요하다는 것이다. 하나님에 대해서 아는 것이 아니라 삶 속에서 경험해야 한다. 문제는 오늘날의 그리스도인들에게 순종하는 제자도가 사라졌다는 것이다. 그래서 윌라드 박사는 이렇게 단언한다: "제자가 아닌 사람들이 외치는 영성은 공허한 것이다."

　종종 편안하게 목회하고 싶어 하는 목회자들을 만난다. 가르치고 훈련하는 것을 포기한 목회자들 말이다. 이런 부류의 목회자들이 종종 빠지는 오류가 있다. 사람을 키우고 세워가기 위해 치러야 할 치열한 싸움은 포기한 채, 시스템으로만 교회를 움직이고 싶어 하는 것이다. 그들이 자주 하는 말이 있다: "가르치지 마라. 가르쳐서 삶이 변화되는 것을 본 적이 있는가? 삶을 나누라." 물론 이러한 모토 속에는 피상적인 성경공부에 대한 나름대로의 통찰력이 있는 것도 사실이다. 하지만 교제를 강조하다가 그리스도인으로 살아가야 할 제자로서의 기준은 어디론가 사라지고, 그저 천박한 그리스도인으로 만들기 십상이다.

　교회를 이끌어가는 지도자로서 우리가 제자도를 잃어버리고 있지는 않은지 살펴봐야 한다. 예수님께서 복음을 전하실 때에는 예수님을 믿는다는 고백과 예수님을 따른다는 삶이 분리되지 않았다. 초대 교회에서는 예수님을 믿는다는 고백 자체가 그들이 속했던 사회로부터 소외당하고 조롱받는 것을 의미했다. 고난과 핍박을 감수하지 않고서는 예수님을 믿을 수가 없었다. 이렇게 예수님을 믿는다는 고백에는 엄청난 대가를 치러야만 했다. 믿음의 고백이 제자도와 함께 간 것이다. 하지만 오늘날 우리가 사는 이 시대에는 예수님을 믿는다는 고백과 예수님을 따르는 삶이 분리되어 버렸다. 이

둘을 별개로 생각하는 것이다. 그리스도를 따르는 삶이 없이도 그리스도인이 될 수 있다고 생각하는 사람들이 점점 많아지고 있다. 온전한 주님의 제자가 되지 않고서도 그리스도인들이 될 수 있다는 생각이 만연해가고 있다. 우리는 신앙고백과 제자도가 분리된 현 시대를 살아가며, 이러한 생각의 결과를 어렵지 않게 본다. 세상과 구별되지 않기에 세상을 향해 어떤 영향력도 끼칠 수 없는 나약한 그리스도인의 모습을 말이다.

달라스 윌라드는 이러한 문제를 다음과 같이 지적한다: "예수님의 제자는 그와 함께하는 자이며, 그를 닮아가는 사람이다. 하나님 나라를 위해 그의 제자로서 예수님이라면 어떻게 사셨을지를 매일의 삶 속에서 배우고 실천하는 일을 통해, 우리는 예수님께서 명령하신 대로 살도록 배우고 또 다른 제자들에게 그렇게 살도록 가르치며 이는 훈련을 통한 변화로 실천을 이루어 낼 수 있다." 하나님 나라 안에서 삶의 이해를, 지상의 모든 삶 가운데 적용하지 않고서는 결코 우리 자신을 그리스도인이라고 부를 수 없다.

🖋 예수님을 믿는다는 고백과 예수님을 따르는 삶이 분리된 오늘날 한국 교회의 상황에 대한 당신의 생각은 어떠한가? 더불어 당신은 참된 그리스도의 제자인지 스스로를 돌아보라.

참된 제자가 된다는 것은 순종을 의미한다. 당신은 하나님의 말씀에, 교회 공동체에 순종하는 직분자라 생각하는가? 나의 주관적인 생각이 아닌 객관적으로 나 자신을 돌아보고, 부족한 부분을 찾아 개선해 나가야 한다.

잃어버린 제자도를 회복하라

잃어버린 제자도를 다시 찾아야 한다. 그중에서도 섬김의 제자도가 있는지 살펴봐야 한다. 실제로 우리 주변을 돌아보면 처음에는 순수한 동기를 가지고 사역에 임했던 믿음의 동지들이, 바로 이 덫에 걸려 힘든 고통의 시간을 보내는 경우가 적지 않다. 열정을 가지고 교회를 섬기며 아름다운 열매들을 조금씩이나 가시적으로 드러나기 시작할 때 이런 증상들이 나타난다. '잘했다, 수고했다'는 인정을 받게 되면서 얻게 되는 특혜와 영향력 때문에 나타나는 증상이다. 이렇게 해서 자신에게 부여된 힘과 지위를, 하나님을 위해 사용하기보다는 나의 영광을 위해 사용하는 순간 본질은 사라지고 껍데기만 남게 될 가능성이 높다.

아무리 하나님 나라를 위한 섬김과 헌신이라는 명분이 있다고 하더라도 '절대 권력은 절대 부패한다'는 원칙에서 예외가 되는 사람은 없는 것 같다. 성공하는 지도자에게 섬김의 동기가 사라지게 되면, 자신을 통제하고 절제할 수 있는 기능도 따라서 약화된다. 따르는 사람이 많아질수록 주변 사람들의 조언에 귀를 막고 자신의 결정을 하나님의 뜻으로 포장하기 쉽다. 그러다가 결국은 독선적인 지도자의 길로 들어가는 것이다.

독선적인 지도자가 군림하는 교회마다 불행하게도 대다수의 성도들은 수동적인 구경꾼으로 전락한다. 한 개인에게 집중되고 과장되게 형성된 지도자의 이미지가 부각될수록, 성경이 지향해온 교회의 팀 사역은 무너진다. 이러한 함정에 빠지지 않으려면, 교회의 지도자들이 의도적이며 지속적으로 제자도에 초점을 다시금 재조정해야 한다. 옥한흠 목사가 목회자들에게 한결같이 '한 사람 철학'을 강조한 것도 바로 이러한 이유 때문이다.

88세의 나이에 마지막으로 펜을 내려놓으면서 존 스토트가 고별 메시지로 선택한 주제도 '제자도'였다. 큰 영향력을 끼쳐온 그의 생애를 마감하는 시점에 깊은 사고와 성찰의 마지막 결론으로 제자도를 말한 것이다. 어쩌면 이 부분에서 오늘날 교회와 그리스도인들이 위기를 경험하고 있는 것이기 때문이 아닐까 싶다. 우리가 다시 붙잡아야 할 사명이, 본질적인 제자도를 다시 회복하는 것이라고 말하고 싶었기 때문일 것이다. 그래서 그는 근본적인 문제를 들추어내고, 대의에 철저하게 헌신하는 급진적인 제자도를 주장한 것이 아닐까?

제자도는 우리가 지속적으로 가야 할 길을, 결국은 끝까지 갈 수 있도록 만드는 힘을 준다. 많은 교회 지도자들로 하여금 자칫하면 빠지기 쉬운 함정과 덫으로부터 지켜주는 보호막이다. 그래서 제자도는 시대를 초월해 그리스도의 제자들이 붙잡아야 할 변함없는 핵심이다. 제자훈련이라는 프로그램을 실시한다고 하여 제자도를 붙잡고 있는 것이 아니다. 오히려 제자도를 너무 쉽게 생각하여 본질을 외면하고 있는지도 모른다. 그래서 제자도의 본질을 다시 들여다보며 철저하고도 급진적으로 순종할 필요가 있다고 말하는 것이다. 혹시나 본질에서 떠나 있지는 않은지, 기준점에서 너무 멀리 벗어나 있지는 않은지 끊임없이 살펴봐야 한다. 리더십만 이야기하다가 진정한 팔로워십은 사라지고, 제자도가 없는 사역을 하고 있지는 않은지 진지하게 되돌아봐야 한다.

🖋 제자도의 본질을 정리해보라.

제자도의 본질에 있어서 교역자가 성경에 근거하여 정리해줄 필요성이 있다. 소견에 옳은 대로 각자가 제자도를 정리하지 않도록 본질을 바르게 제시해주길 바란다.

다시 한 번 살펴보라. 포스트모던 시대의 영성을 이야기하다가 단순한 복음의 영력을 잃어버리지는 않았는지, 공동체의 뜨거운 교제를 말하다가 얕고 천박한 제자도로 전락하지는 않았는지, 세련된 교회 성장을 말하다가 자신의 야망에 파묻혀 제자도의 본질을 잃어버리지는 않았는지, 제자훈련을 말하지만 실상은 피상적인 성경공부에 만족하고 있지는 않은지 말이다.

달라스 윌라드는 한국을 떠나면서 다음과 같이 말했다: "오늘날의 미국 교회는 제자도의 깊이가 너무 얕다. 예수 따라가는 것의 깊은 의미를 잘 모른다. 난 한국 교회에서 소망을 보았다. 제자로서 기꺼이 따라갈 준비가 되어 있는 모습을 보았다. 다음 장의 역사를 위해 미국 교회와 한국 교회가 함께 가기를 원한다." 그의 말처럼 진정 한국 교회에 소망이 있기를 바란다. 제자됨이 모든 것의 열쇠다. 제자도의 회복, 오늘 우리 교회의 최대 명제다!

05
약함을 인정할 때 강하다

인천에 있는 은혜의교회에는 교회 벽면에 'Scars into Stars'라는 글귀가 붙어 있다. 그리고 안으로 들어가면 '상처는 별이 됩니다'라는 커다란 액자도 걸려 있다. 이 교회의 담임 박정식 목사는 청년들을 데리고 성서지리 여행을 간다. 청년들에게는 담임목사와 함께 비행기를 타고 성지를 여행하는 것, 그 자체가 대단한 경험이다. 그런데 이 여행의 진수는 버스를 타고 이동하는 과정에 있다. 이 시간에 박 목사는 청년들과 함께 그의 가슴을 열어 대화를 한다. 자신의 약함을 드러내는 시간을 갖는다.

여섯 살 때 자살을 시도했던 일부터 시작해서, 초등학교 4학년 때 학교를 중퇴해야 했고, 야학으로 공부를 해야 했던 자신의 어릴 적 상처, 그리고 폐병으로 죽을 뻔 했던 자신의 삶의 여정을 나눈다. 자신과 같은 사람도 하나님께서 사용하셨다면 너희들은 어떻겠느냐고 묻는다. 그러면 청년들도 하나씩 입을 열어 자신의 삶을 나누기 시작한다고 한다. 사람마다 겉으로 보이지 않는 내면의 상처들이 있다. 겉으로 보이기에는 아무런 문제가 없을 것 같은 젊은 청년들에게도, 지금까지 아무에게도 드러내 말하지 못한 아픔과 상처가 한 무더기씩 있다. 그들이 그 아픔과 상처를 나누기 시작하는 것이다. 버스로 이동하는 이 시간이 상처를 공유하는 시간이 되고, 여기에서 소망이 생긴다. 상처가 별이 되기 시작하는 순간이다.

오늘 우리는 강하고 능력 있는 리더만이 돋보이는 시대를 살아간다. 하지만 하나님께서 부르시는 지도자는 자신의 약함을 인정하고 고백하는 사람이다. 성경 속에 등장하는 하나님의 사람들을 하나하나 살펴보라. 그들은 하나님의 부르심 앞에서 지도자가 되기를 주저했다. 마지못해 부르심에 응답했던 사람들이다. 한결같이 자신에게 지도자의 자격이 없음을 인식하고, 자신의 약함을 통절하게 느꼈던 사람들이다. 그러나 그들이 가진 약점이 하나님을 만나는 최선의 통로로 쓰임받았던 것을 당신은 아는가?

한번은 사랑의교회 교역자들이 기도원으로 여름수련회를 간 적이 있다. 함께 말씀을 나누던 자리에서 옥한흠 목사가 갑자기 교역자들이 둘러앉아 있는 한가운데 가서 무릎을 꿇었다. 자신을 위해 교역자들에게 기도를 해달라는 것이었다. 당시 사랑의교회 성도들이 여러 가지 질병과 사고로 고통당하는 모습을 보면서, 그들을 제대로 치유하고 돕지 못하는 자신의 연약함과 부족함을 절실하게 느꼈던 것 같다. 자신의 연약함을 인정하고 하나님의 은혜를 갈망했던 그분의 몸에 손을 얹고 함께 눈물로 기도했던 시간이 나에겐 아직도 선명하게 남아 있다. 이뿐만이 아니다. 2007년 한국 교회 100주년 기념대회에서 설교한 옥한흠 목사는, '이 놈이 죄인'이라며 눈물로 한국 교회의 회개와 갱신을 외쳤다. 당시 설교에서 그는 한국 교회에 만연되어 있는 세속주의와 권력주의, 각종 부도덕과 병폐 등을 신랄하게 지적하며 자신을 포함한 목회자들의 책임이 크다고 강조했다. 그리고 설교를 마무리하면서 눈물로 울부짖으며 자신이 죄임임을 고백했다.

평소에 옥한흠 목사는 제자훈련이 어려운 이유는 이것이 영적 싸움이기 때문이라고 말했다. 그가 외쳤던 제자도의 첫 번째 표지는 '전적 위탁'이었다. 내가 붙잡고 있던 인생의 운전대를 그리스도에게 온전히 내어 맡기는 것이 전적 위탁이다. 이러한 위탁이 되어 있는 자가 지도자의 영적 권위를 결정짓는다. 그리스도께 항복하고 그분께 위탁하는 삶은 제자훈련을 하는 목회자에게는 생사가 달려 있는 문제라고 할 수 있다. 그래서 제자훈련을 제대로 하려고 하는 지도자는 교만할 수가 없다. 아니, 교만해서는 제자훈련을 할 수가 없다. 순간마다 말씀 앞에서 자신을 철저하게 돌아보고 항복해야 하기 때문이다.

그럼에도 불구하고 우리는 자주 넘어진다. 그리고 이렇게 넘어지는, 영적으로 어두운 부분은 그 누구에게도 알리고 싶어 하지 않는다. 때때로 죽은 것이고 썩은 것인 줄 알면서도 우리는 종종 그런 명예와 허영을 사랑한다. 우리에게 합당하지 않은 옛 생활의 찌꺼기들을 아직도 꽉 쥐고 놓지 않는 연약함이 우리에게 있는 것이다. 제자훈련은 우리의 이러한 연약함을 하나님의 말씀 앞에서 확실하게 털어내는 것이다. 살아 있는 하나님의 말씀 앞에서 자신을 쳐서 복종시키는 것이 제자훈련이다.

✒ 당신의 연약함은 무엇인가?

나 자신의 연약함을 인정할 때 비로소 하나님의 능력이 됨을 기억하라.

약함이 하나님의 능력이다

약함이 하나님의 능력이다. 실패를 경험하고 약함을 인정하는 그 순간 하나님께서 원하시는 지도자가 될 수 있다. 십자가는 그 약함의 상징이다. 예수님께서는 하늘의 영광을 버리고 이 땅에 낮은 자로 임하셨다. 하늘의 능력과 부요함도 다 버리셨다. 그분은 자신의 십자가를 지고 처형장으로 끌려가실 때에도 자신에게 주어진 하늘과 땅의 모든 권세를 사용하지 않으셨다. 결국 십자가에 달려 죽으심으로 자신의 사명을 완수하셨다. 기독교의 복음은 약함에 있다.

하나님께서 이스라엘 백성을 구원하기 위해 쓰셨던 모세를 보라. 모세는 40세까지 왕궁에서 왕자로 자랐다. 당대 최고의 학문과 경영을 배우고 익혔다. 그때 그는 히브리 민족을 위해 무엇인가(something)를 할 수 있다는 교만이 있었다. 뭔가를 할 수 있다는 생각이 혈기를 부리게 만들었고, 하나님께서는 그가 바로의 왕궁을 떠나도록 하심으로 그 교만을 다스리셨다. 모세가 왕궁을 떠나 도망한 곳은 미디안 광야였다. 그곳에서 이름 없는 양치기로 40년을 살았다. 그 기간 동안 모세는 자기를 비우는 연습을 해야만 했다. 철저하게 겸손을 배워야만 했다. 불타는 가시떨기에서 모세를 부르시는 하나님 앞에, 모세는 자신이 할 수 없다는 무력한 모습을 보였다(출애굽기 3:11~13). 자신이 아무것도 아닌(nothing) 사람임을 고백한 것이다. 겸손이란 덕목은 왕궁이 아닌 광야에서만 터득할 수 있다. 하지만 하나님의 부르심 앞에서 모세는 다시 일어났다. 이스라엘 백성을 구원하라는 소명과 함께 하나님께서는 모세와 함께하시겠다고 약속해 주셨다. 그때 모세는 하나님과 함께 모든 것(everything)을 감당할 수 있는 확신을 가지고 나아갈 수 있었다. 자신은 아무것도 아닌 사람이지만 하나님께서 함께하시면 모든 것을 할 수 있다는 확신을 얻게 된 것이다. nothing의 단계를 거쳐야 everything을 이룰 수 있다. 무력을 고백하는 사람만이 하나님의 쓰임을 받을 수 있다. 약함이 하나님의 능력이다.

사도 바울은 우리의 부르심이 지혜로운 자, 능한 자, 문벌 좋은 자가 아니라 미련한 것들, 약한 것들, 천한 것들과 멸시받는 것들을 택하셨다고 선언한다.

🖊️ 제시된 인물 외에 약함이 하나님의 능력이 된 사례들을 성경에서 더 찾아보라.

성경의 어떠한 위대한 인물이라도 자신의 연약함을 인정할 때에 비로소 하나님께서 크게 쓰셨음을 기억하라.

작고하신 존 스토트 목사는 2000년 케직사경회에서 다음과 같이 말했다: "기독교의 근본적 진리의 하나는 약함과 어리석음에 있다. 십자가의 복음 자체가 약하고 어리석은 것이다." 그런데 오늘 우리는 너무 강해지고 지혜로워지며 부요해졌다. 또한 그렇게 되기를 사모하고 추구하기에 바쁘다. 교회의 지상 사명이 성장이 되어버렸다. 우리의 지도자들은 너무 위대해져서 성도들의 우상이 되었다. 그래서 약함을 드러내면 죽는 줄 안다. 하지만 그렇지 않다. 댄 알렌더(Dan Allender)의 말처럼 말이다: "지도자의 가장 큰 자산은 능력이 아니라 자신의 약함과 불완전함을 인정하고 다루는 용기입니다." 이 시대 하나님께서 찾으시는 리더는 자신의 약함을 인정하고 고백하는 지도자이다.

PART
IV

도끼자루:
관계와 리더십

"내가 주와 또는 선생이 되어 너희 발을 씻었으니

너희도 서로 발을 씻어 주는 것이 옳으니라"

_요한복음 13:14

아무리 날이 서고 적당한 크기에 무게감이 느껴지는 좋은 도끼머리를 가졌더라도, 도끼자루(손잡이)가 없으면 장작을 팰 수가 없다. 도끼머리는 쇠로 만들어지지만 손잡이는 대개 나무를 사용하는데, 이 나무 막대기가 도끼머리에 잘 꿰어지지 않으면 무용지물이 되기 때문이다. 이처럼 우리는 도끼머리와 꿰어져 있는 도끼자루를 '관계 속에서 이뤄지는 리더십'에 비유할 수 있다.

　관계가 제대로 세워지지 않으면, 우리의 인격과 비전 그리고 사역의 역량은 쓸모가 없게 된다. 관계가 바로 세워져야 서로가 배우고 격려하며 힘을 합하여 혼자서는 절대 감당할 수 없는 일들을 이루게 된다. 켄 블랜차드(Ken Blanchard)는 "우리 모두를 합친 것보다 현명한 사람은 아무도 없다"라고 말한다. 이는 모두의 아이디어와 생각 그리고 지금까지 가지고 있는 인생의 지혜를 다 더해 놓은 것보다 뛰어난 한 사람은 없다는 것을 의미한다. 모두가 함께 뛰면 각자가 100%를 성취하는 것보다 훨씬 더 많은 것을 성취하게 된다는 말이다. 철이 철을 날카롭게 하듯, 서로를 빛나게 하는 관계에 대해 살펴보고자 한다.

매튜 리지웨이(Matthew Bunker Ridgway) 장군은 한국전쟁 당시 맥아더의 뒤를 이어 극동연합군 최고사령관이 되었다. 어느 날 그는 이승만 대통령과 함께 자동차를 타고 이동을 하던 중에 급히 소변을 봐야 할 상황이 되었다. 대통령과 함께 있는 자리에서 실례를 범할 수 없다고 생각했기에, 그는 참을 수 있을 만큼 최대한 참았지만 어쩔 수 없이 대통령에게 정중하게 양해를 구하고 길가에 자동차를 세웠다. 그는 자신 때문에 차를 세워 대통령을 기다리게 하는 것이 민망하기 그지없었다. 할 수 없이 소변을 보기 위해 사람들이 보이지 않는 수풀로 성큼성큼 들어가는데, 자신의 뒤에 대통령이 따라온 것이 아닌가! 그리고 자신의 옆에 서서 함께 소변을 보기 시작했다. 장군이 민망해 할까 봐 배려하는 마음에 대통령이 그곳까지 함께 와준 것이었다. 대통령의 마음에 감동한 매튜 리지웨이는 "각하, 아프리카 속담에 이런 말이 있지요. '빨리 가고 싶으면 혼자 걸으라. 멀리 가고 싶으면 누군가와 함께 걸으라'고 말입니다. 저는 각하의 옆에 늘 함께 있겠습니다."

리더의 능력은 거창한 데서 비롯되는 것이 아니다. 내면에서 순수하게 우러나오는 작은 행동 하나, 그리고 말 한마디가 세상을 변화시키는 것이다. 한상복은 자신의 저서 《배려》(위즈덤하우스)에서 상대방의 관점에서 보는 것이 '배려'라고 정의한다. 배려는 다른 사람에게 자신의 진심을 담기 위해 자기라는 그릇을 비워놓고 같은 눈으로 세상을 바라보는, 일종의 예의라고 말할 수 있다. 아무리 높은 지위를 가지고 있는 사람이라도 이러한 태도가 없으면 속 빈 마네킹과 같다. 아무리 현란한 말과 대단한 몸짓으로 자신을 증명해 보이려고 해도 다른 사람들을 배려하는 마음이 없으면 울리는 꽹과리 소리에 불과하다. 하지만 우리의 좁은 속은 어쭙잖은 배려 하나 해놓고 남들이 알아주기를 바란다. 내가 얼마나 잘난 존재인지를 스스로 증명하기에 급급하고, 위대한 리더로 인정받기 위해 자신의 이름을 걸기에 바쁘다. 그러나 진정한 리더는 함께하는 사람들을 존중하고 그들이 마음껏 일할 수 있도록 배려하는 사람이다.

✒ 당신이 생각하는 리더의 정의를 적어보라. 그리고 이 장이 끝날 때 당신의 생각이 어떻게 달라졌는지 비교해보면 좋을 듯하다.

당신이 생각하는 리더를 적을 때 다른 사람의 눈치를 볼 필요가 없다. 솔직한 당신의 생각을 적어야 이 장이 끝날 때 변화된 당신을 진짜 볼 수 있을 것이다.

민망할까 봐 베푼 작은 배려가 평생을 함께 할 수 있는 귀한 동지를 얻게 했다. 누군가가 내 마음을 이해해 주기만 해도 고마운데, 그 마음이 행동으로 이어져 표현된다면 감동받지 않을 사람이 누가 있겠는가! 오늘날 우리에게 요구되는 것은 거창한 이론이 아니다. 또한 남들에게서 들을 수 없는 대단한 해석이나 깨우침도 아니다. 그저 지치지 않는, 사랑하는 마음에서 우러나오는 진심어린 작은 몸짓 하나면 충분하다.

01

리더십이란

당신은 리더십을 무엇이라 생각하는가? 대부분의 사람들이 동의하는, 가장 쉬운 리더십의 정의는 바로 '리더십은 영향력이다'라고 할 수 있다. 누군가에게 영향력을 끼친다면, 그는 누가 뭐라 해도 리더다. 그러나 문제는 그 영향력이 좋은 영향력이냐 아니면 나쁜 영향력이냐 하는 것이다. 히틀러나 스탈린 같은 독재자들의 경우, 엄청난 영향력을 가지고 있었다. 그러나 그들의 영향력은 악한 영향력이었다. 반면, 링컨이나 간디와 같은 분들은 어떠한가? 그들은 엄청난 영향력뿐 아니라 선한 영향력이었다.

이처럼 리더십은 영향력이라 할 수 있다. 때문에 리더는 지위와 관계가 없고, 직함이 꼭 필요한 것도 아니다. 마크 샌번(Mark Sanborn)은 "리더십은 선택된 소수만이 발휘하는 특별한 기술이 아니다. 그것은 자신의 노력으로 세상에 긍정적인 기여를 하려는 사람들, 세상을 좀더 나은 곳으로 만들고자 하는 사람들이 매일의 일상에서 보여줄 수 있는 것이다"라고 말한다. 즉, 지금 내가 가지고 있는 직분이 무엇인지보다 내가 어떤 일을 하고 있느냐가 더 중요하다는 말이다.

리더십은 성품에서 나온다

헤르만 헤세(Herman Hesse)가 쓴 소설《동방순례》를 보면 다음과 같은 이야기가 나온다. 한 무리가 여행을 하는데, 그 여행객 중에 레오라는 이름의 짐꾼이 있었다. 그는 비록 순례자들의 잡일을 도맡아 섬기는 하인이었지만, 많은 사람들에게 기쁨을 주었다. 여행 중에 일행이 힘들어 할 때마다 노래를 불러 활기를 북돋아 주었다. 무슨 의논을 할 때마다 늘 옆에서 조언을 해주었는데, 그 조언 때문에 사람들의 서로 다른 의견이 하나로 모아졌다. 그런데 어느 순간 그 짐꾼이 사라져 버렸다. 그 후로 여행은 깨지기 시작을 했다. 사람들은 의견이 맞지 않아 서로 싸우기 시작했고, 결국에는 여행 자체가 없어져 버릴 심각한 위기에 부딪히게 되었다. 그러면서 사람들은 서서히 '아, 그 짐꾼이 진짜 리더였구나!'라고 깨닫기 시작하였다. 비록 레오의 위치는 짐꾼이었지만, 그는 리더십에 대해 누구보다 잘 알고 있었던 것이다.

리더는 영향력 있는 사람이다. 영향력이 있다는 것은, 그를 따르는 사람이 있다는 것을 의미한다. 리더십을 평가하는 기준은 따르는 사람이 있느냐의 유무에 있다고 해도 과언이 아니다. 존 맥스웰(John C. Maxwell)은 "이끌고 있다고 생각하는 사람에게 아무도 따르는 사람이 없다면 그는 이끄는 것이 아니다. 단지 혼자 걷는 것일 뿐이다"라고 말한다. "나를 따르라!" 하고 앞장서서 갔는데 정작 아무도 따라오지 않았다면, 우리는 그런 사람을 '리더'라고 말하지는 않는다. 리더십이 영향력을 끼치는 것이라면, 리더는 무엇으로 사람들에게 영향력을 끼쳐야 하는가? 결론부터 말하면, 리더십은 성품 위에 세워진다. 이 말에 대해서는 오해가 많다.

많은 사람들은 리더십에 대해 이야기를 할 때, 카리스마를 말한다. 여기서 카리스마는 사람들을 이끌고 가는, 즉 권위를 가지고 사람들에게 압박을 주며 강력하게 밀어붙이는 것을 가리킨다. 그런데 리더십에 관한 수많은 연구 결과가 리더십은 카리스마가 아닌 성품이라고 말한다. 무디(Dwaight Lyman Moody)는 "성품이란 어두움 가운데서 아무도 나를 보지 않을 때 나타나는 나의 모습이다"라고 말한다. 사람들 앞에 보여지는 것이 아니라 하나님과 내가 독대하는 가운데 나타나는 나의 모습, 그 모습이 나의 리더십을 좌우한다는 것이다.

✒ 당신은 리더십을 갖춘 교회의 지도자인가? 만약 그렇게 생각한다면, 그 근거는 무엇인가? 또한 스스로 리더십이 부족하다고 생각한다면, 앞으로 어떻게 개선하고 계발해 나갈지 적어보라.

리더십은 카리스마가 아니다. 인격과 성품에서 자연스럽게 흘러 나오는 것이다. 결국 이 문항에서 당신이 개선하고 계발해 나가야 할 것은 인격과 성품일 것이다.

직분자에게 리더십이 필요한 이유

우리는 지금 교회의 지도자를 위한 리더십에 대해 나누고 있다. 때문에 누군가는 '성경 말씀만 잘 알고 순종하면 되지 무슨 리더십이 필요해?'라며 의문을 가질지도 모른다. 그러나 한국 교회 가운데 정말 시급하게 다루어야 할 주제는 바로 이 '리더십'이다. 그럼, 우리는 왜 리더십에 대해 논해야 하는가? 사도행전 6장 1~7절을 보라.

그 때에 제자가 더 많아졌는데 헬라파 유대인들이 자기의 과부들이 매일의 구제에 빠지므로 히브리파 사람을 원망하니 열두 사도가 모든 제자를 불러 이르되 우리가 하나님의 말씀을 제쳐 놓고 접대를 일삼는 것이 마땅하지 아니하니 형제들아 너희 가운데서 성령과 지혜가 충만하여 칭찬 받는 사람 일곱을 택하라 우리가 이 일을 그들에게 맡기고 우리는 오로지 기도하는 일과 말씀 사역에 힘쓰리라 하니 온 무리가 이 말을 기뻐하여 믿음과 성령이 충만한 사람 스데반과 또 빌립과 브로고로와 니가노르와 디몬과 바메나와 유대교에 입교했던 안디옥 사람 니골라를 택하여 사도들 앞에 세우니 사도들이 기도하고 그들에게 안수하니라 하나님의 말씀이 점점 왕성하여 예루살렘에 있는 제자의 수가 더 심히 많아지고 허다한 제사장의 무리도 이 도에 복종하니라 _사도행전 6:1~7

우리는 흔히 본문을 초대 교회 일곱 집사를 세우는 장면으로만 기억한다. 그러나 성경 그 어디에도 '집사'라는 말을 못 박아 하고 있지는 않다. 다시 말해, 본문은 '집사 직분의 기원'에 대한 말씀이 아니라는 것이다. 본문은 예루살렘교회에 생긴 어려움을, 그들이 어떻게 극복하고 있는지를 우리에게 보여주고 있는 말씀이다. 우리는 여기서 교회 안에 리더십이 필요한 이유에 대해 알게 될 것이다. 우선 본문의 배경을 살펴보라.

예루살렘교회는 오순절 사건 이후 급성장하였다. 그런 과정에서 교회의 필요가 서서히 나타나기 시작했다. 당시 예루살렘교회 안에 가난한 사람들, 특히 과부들이 많았다. 문제는 그들에게 교회가 모아놓은 구제 헌금을 잘 나눠줘야 했는데, 어떤 사람들에게는 구제 헌금이 잘 전달되었는가 하면 어떤 사람들에게는 제대로 전달되지 않았던 것이다(1절). 그 이유를 알기 위해 좀더 깊이 들어가 보면, 당시 예루살렘교회 안에는 두 부류의 사람들이 있었다. 한 부류는 오랫동안 예루살렘에서 살아온 토박이들, 즉 히브리어를 쓰는 히브리파 유대인들이었다. 그리고 다른 한 부류는 외국을 떠돌다가 예루살렘으로 유입되어 들어온, 소위 역이민을 와서 히브리어보다는 헬라어가 더 편한 헬라파 유대인들이었다. 그런데 문제는 구제비를 전달하는 과정에서 히브리파 유대인 과부들에게는 구제비가 잘 전달된 반면, 헬라파 유대인 과부들에게는 제대로 전달이 안 되었던 것이다.

물론 당시에도 교회를 이끌어 가던 리더들, 즉 영력과 능력이 충만한 열두 사도들이 있었다. 하지만 그들의 능력과 힘만으로는 급성장한 예루살렘교회 안의 모든 사람들의 필요를 채워주기에는 역부족이었다. 이에 열두 사도가 제자들을 불러 모아 문제를 해결하고자 진단을 하였다. 사도들은 자신들이 기도하고 말씀 전하는 것을 제쳐 놓고 공궤를 일삼는 것이 마땅치 않다고 분석하였다. 그렇다면 공궤하는 것이 나쁜 일인가? 아니다. 분명 좋은 일이고, 교회가 반드시 해야 할 일이다. 그러나 사도들이 꼭 해야 할 일은 아니라고 판단했던 것이다. 사역에 우선순위가 있듯, 사도들에게는 기도하고 말씀 전하는 것이 더 우선되어야 한다고 판단을 했던 것이다. 그리고 공궤는 다른 직분을 가진 사람들이 이 일에 우선순위를 두고 일할 수 있도록 해야 한다고 결정을 하였다.

이에 사도들은 구제하는 일을 죽이 되든 밥이 되든 자신들의 손에 쥐고 흔들려고 하지 않고, 오히려 자신의 사역을 떼어 합당한 직분자들에게 나눠주었다. 그들은 바로 스데반, 빌립, 브로고로, 니가노르, 디몬, 바메나, 니골라였다. 그렇다면 이들을 뽑은 기준은 무엇인가? 3절을 보니, 성령과 지혜가 충만하여 칭찬 듣는 사람을 택하라고 말씀한다. 이 말에 온 무리가 기뻐하여 믿음과 성령이 충만한 사람을 뽑았는데, 이는 외부에서 용병을 데려다 쓴 것이 아닌 교회 멤버들 가운데 선택했다고 성경은 전한다. 즉 교회 안에서부터 리더들이 키워지고 세워졌다는 것이다. 오늘날 우리 한국 교회도 성경적 기준을 가지고 장로와 안수집사 그리고 권사를 선출해야 함이 바람직하다. 나아가 직분자들이 각자 자신의 직분에 주어진 우선순위 사역들을 잘 알고 감당하여 당시 사도들이 기도와 말씀에 전념할 수 있도록 했던 것처럼 하는 것이 좋다.

🖊 당신은 교회의 직분자로 당신이 가진 달란트로 할 수 있는 최적의 사역은 무엇이라 생각하는가? 앞으로 어떤 영역에서 담임목사를 도와 사역해 나갈지 구체적으로 적어보라.

직분자는 직합이 아니다. 초대 교회에 사도들을 도왔던 것처럼 목회자를 도와 성도들의 필요를 도울 수 있어야 한다.

본문의 사건은 당시 교회 안의 패러다임을 바꾼 대사건이라 할 수 있다. 이전까지만 해도 예수님과 함께 사역했던 사도들은 교회를 이끌어 가고 모든 결정은 사도들이 책임져야 된다고 생각했기 때문이다. 그런데 그들의 패러다임이 바뀌었다. 교회의 규모가 커지면서 그들이 당면한 문제들에 따라 교회의 구조가 바뀌고 있음을 우리는 볼 수 있어야 한다.

교회는 시대에 따라서, 당면한 문제에 따라서 구조를 바꿀 수 있다. 시대의 요청에 효과적으로 대응할 수 있을 만큼의 유연성을 가지고 교회의 구조를 살펴야 한다. 그래서 이것이 정말 하나님께서 우리에게 말씀을 통해 규정지어 주신 사안인지, 아니면 시대적인 요청에 따라서 우리가 바꾸어 갈 수 있는 문제인지를 분별할 수 있어야 한다.

당신이 교회의 진정한 리더라면, 이 시대 역사의 흐름을 잘 파악하고 필요에 따라 교회의 구조와 조직에 변화를 주는 것은 정말로 중요하다.

02
모델이 되어라

우리에게 왜 모델이 필요한가? 요한복음 13장 13~15절을 보라.

> 너희가 나를 선생이라 또는 주라 하니 너희 말이 옳도다 내가 그러
> 하다 내가 주와 또는 선생이 되어 너희 발을 씻었으니 너희도 서로
> 발을 씻어 주는 것이 옳으니라 내가 너희에게 행한 것 같이 너희도
> 행하게 하려 하여 본을 보였노라 _요한복음 13:13~15

예수님께서 우리에게 본을 보이기 위해 이렇게 했다고 직접 말씀하신
곳은, 성경을 통틀어 여기 한 곳밖에는 없는 것 같다. 예수님께서는 자기를
낮춰 스스로 우리의 모델이 되어 주시면서, 우리도 당신과 같이 하라고 명

하셨다. 예수님의 제자라면, 당연히 예수님의 모습을 닮아가야 하는 것이 옳다. 그런데 우리의 모습은 어떠한가? 작은 감투만 쓰면, 리더만 되면 목에 힘이 들어간다. 예수님께서는 우리의 발을 씻겨 주셨는데, 우리는 예수님을 닮기보다 오히려 다른 사람들에게 발을 내밀며 씻기라고 요구한다. 내가 섬김을 받으려고만 하는 것이다.

> 내가 그리스도를 본받는 자가 된 것 같이 너희는 나를 본받는 자가
> 되라_고린도전서 11:1

그런데 사도 바울은 우리에게 예수님을 본받으라고 하면서 동시에 나를 본받으라고 말한다. 이는 우리가 다른 사람에게 예수님을 소개할 때, 예수님의 이야기만으로 끝나지 않고 나 자신을 모델로 보여줄 수밖에 없는 것과 같다. 자녀 키울 때를 생각해보라. "아빠(엄마) 말대로 해!"보다는 "아빠(엄마)를 따라서 해 보렴!" 하는 것이 더 잘 먹히지 않던가! 마찬가지다. 교회 리더들이 사역을 하면서 다른 사람들에게 예수님을 따르는 삶의 샘플을 보여주지 않으면서 그저 "이렇게 살아라, 저렇게 살아라" 하면 사람들은 절대로 그 리더를 따르지 않는다. 샘플, 즉 본을 보일 때 더 많은 영향력을 끼치게 된다.

학자들은 "우리가 배우는 것의 89%는 보는 것을 통해, 10%는 듣는 것을 통해 온다. 그리고 나머지 1%는 다른 감각을 통해 온다"라고 말한다. 우리는 보는 것과 듣는 것의 영향력 차이가 얼마나 큰지를 알 수 있다. 또한 에머슨(Ralph Waldo Emerson)은 "당신의 성품이 너무 크게 소리를 지르고 있

기 때문에 당신이 하는 말은 안 들린다"라고 하였다. 무슨 말인가? 내가 아무리 좋은 말을 한다고 해도, 우리의 성품이 더 크게 말하고 있기에 우리의 말 자체가 안 들린다는 것이다.

교회 지도자는 모델링이 되어야 한다

모델이야말로 살아 있는 설교라 할 수 있다. 강단에서 외치는 메시지 자체도 중요하지만, 그가 외치는 메시지가 목회자와 교회 리더들의 삶을 통해 보여질 때 비로소 사람들의 삶을 변화시키는 능력이 나타난다. 하워드 헨드릭스(Howard G. Hendricks)는 "감동을 주려면 멀리 떨어지라. 그러나 충격(impact)를 주고 싶으면 가까이 다가서라"고 말한다. 무슨 뜻인가? 강대상을 회중들에게서 멀리, 그리고 높은 곳에 두고 그 위에서 위엄 있게 서 있으면 사람들에게 감동은 줄 수 있다. 그러나 가까이 가서 그들과 함께 부대끼며 살아가는 가운데 자신을 모델로 보여주면, 그들의 삶에 충격을 주고 변화시킬 수 있다는 말이다.

가장 확실하게 다른 사람의 삶에 변화를 일으키는 것이 바로 이와 같은 '모델링'이다. 이러한 모델링을 통해 삶의 변화를 일으킨 교육의 세계적인 권위자 알버트 벤두라(Bandura)는 "본받는 것은 무의식적으로 배우는 중에서 가장 강력한 형태다"라고 말한다. 내가 배우겠다고 말한 것은 아니지만, 그냥 배워 버리는 것이 바로 모델링인 것이다.

당신이 속한 교회가 진정 건강한 교회가 되길 원하는가? 그렇다면 당신과 같은 교회의 리더들이 삶의 모습으로 보여줘야 한다. 만약 봄에, 또는 가을에 새 생명을 품는 전도집회가 있는가? 당신이 먼저 나서서 전도하는 모습을 보여주라. 교회에서 중요한 역할을 맡고 있는 직분자들이 하나같이 팔짱을 끼고 '어디 얼마나 잘 하는지 보자' 하고 있으면, 결코 당신의 교회는 건강한 교회가 될 수 없다.

당신의 교회 핵심 가치는 무엇인가? 만약 전도라면, 당신이 전도하는 모델이 되어야 한다. 지역 사회에 영향을 끼치는 것이 목표라면, 당신은 동네 주민들에게 존경받는 사람이 되어야 한다. 영적인 재생산이 목적이라면, 내 주변에 적어도 두 사람은 준비시켜 나와 같은 교회의 리더로 만들어야 한다. 한 격언에 이런 말이 있다: "계승하는 사람이 없다면 성공했다고 말할 수 없다"(There is no success without successor). 즉 하나님께서 나에게 주신 사명을 바라보면서 사명의 대를 이어갈 수 있도록 사람을 키우는 것, 이 또한 교회 리더들이 모델이 되어 앞장서야 한다는 것이다.

✒ 당신은 우리 교회의 핵심 가치에 적합한 모델인가? 앞으로 나은 모델이 되기 위해 당신은 어떠한 노력과 발전을 이루어 나갈지 결단해보라.

교회의 지도자는 성도들은 물론 세상에서도 좋은 모델이 될 수 있어야 한다. 교회 안과 밖
에서의 행실이 다르면 안 되고, 가정 안에서와 밖에서의 행실이 다르면 안 됨을 기억하라.

모델로 쓰임받기 위한 방법

우리는 교회의 리더로, 모델로 부름을 받았다. 그러나 사람들에게 신뢰
를 확보하고, 인격과 역량에 있어서 모델이 되는 것은 하루아침에 되는 것
이 아니다. 이를 위해서 꾸준하게 자기 자신을 훈련하며 헌신해야 한다. 물
론 우리가 사람들에게 그리스도인은 이런 모습이라고 가르치고 모델로서
제시하지만, 어느 날 갑자기 그런 모습이 나오는 것은 아니다. 영성을 형성
하는 데에 있어서 반드시 필요한 것이 훈련이고 연습이다. 연습 없이 만들
어지는 영성은 없다.

평범한 사람이라면 누구나 다 달릴 수 있다. 하지만 42.195km라는 거리
를 뛰는 마라톤을 하려면 그만한 준비가 되어야 한다. 지금 당장 운동복으
로 갈아입고 뛰라고 하들, 과연 누가 뛸 수 있겠는가? 그러나 1년, 또는 일
정 기간 마라톤을 할 수 있도록 훈련을 한다면 누구나 뛸 수 있다.

영적인 부분도 마찬가지다. 그리스도인은 마땅히 이런 사람이어야 한다고 제시하는 것이 제자도이다. 이 제자도에 맞춰 살아가는 온전한 제자는 많지 않다. 그렇게 살겠다고 누구나 시도할 수는 있다. 그러나 꾸준한 연습과 훈련이 없다면, 거기서 멈춰서 포기하게 된다. 즉, 누구나 할 수 있는 시도만 가지고는 안 된다. 구체적으로 그렇게 되어가는 연습과 훈련 과정에 헌신해야 한다.

모델로 부름받아 다른 사람들에게 영향을 끼치는 리더가 되길 원한다면, 반드시 제대로 준비된 훈련과정을 통해 준비하길 바란다. 모델로 쓰임 받기 원하는 당신을 위해 몇 가지 제안을 하고자 한다.

첫째, 배우는 자세를 견지하라.

내가 아무리 잘 준비된 교회의 리더라고 해도 주님 앞에 설 때까지 우리는 계속 배워가야 한다. 베드로는 "오직 우리 주 곧 구주 예수 그리스도의 은혜와 그를 아는 지식에서 자라 가라"고 말씀한다. 배우기를 멈추면 우리의 리더십도 거기서 멈추게 되어 있다.

둘째, 객관적으로 자신을 인식하라.

우리는 종종 착각한다. '나는 이런 사람이야'라고 말이다. 혹 결혼하신 여성분들이라면 남편으로부터 "세상에 나만큼만 하라고 해!"라는 말을 많이 들어보지 않았는가? 이처럼 모든 사람은 자신이 잘하고 있다고 착각한다. 리더도 마찬가지다. 대부분의 리더들은 자신이 열린 마음을 가지고 조직을 이끌어가고 있다고 생각한다.

또 성품은 어떠한가? 많은 사람들은 스스로를 온유하고 겸손하다고 생각한다. 그러나 분명한 것은 나의 주변에 있는 사람들이 나를 보고 온유하지 않다고 하면 나는 온유하지 않은 것이다. 나를 보고 교만하다고 하면, 나는 겸손하지 못한 사람이다. 교회 리더로 사람들을 이끄는 데 멀리서 볼 때에는 존경하고 따르다가도 가까이에서 함께 일하다 보면 점점 멀어지는 경우가 있다. 사람들이 나를 떠난다면 그건 리더로서 문제가 있다는 의미다. 리더라면 객관적으로 자신을 인식할 수 있어야 한다.

셋째, 인내심을 가지고 계발하라.

교회의 리더로서 자신의 역량과 성품을 바꾸어 가는 일은 결코 쉽지 않다. 문제점을 안다고 해서 저절로 바뀌는 것이 아니기 때문이다. 당신은 혹시 볼링을 쳐본 경험이 있는가? 처음 볼링을 칠 때에는 내 마음대로 공을 굴려도 꽤 괜찮은 점수가 나온다. 그러나 코치가 와서 정확한 자세를 가르쳐 주면, 점수가 올라가기보다 오히려 밑바닥으로 한없이 내려오는 것을 볼 수 있다. 이때 대부분의 사람들은 크게 좌절하고 실망한다. 하지만 바닥을 치던 그 순간에도 계속하여 훈련을 받으면, 차츰 안정적인 점수로 상승곡선을 그려 올라가는 것을 볼 수 있다. 마찬가지다. 교회의 리더라면, 꾸준하게 인내심을 가지고 자신을 계발해 나가야 한다.

넷째, 탁월성을 추구하라.

우리가 교회 리더로 섬기면서 "저 정도면 됐다"는 식으로 생각하는 것은 우리 주님이 기뻐하시는 모습은 아니라고 생각한다. 우리의 사역은 최선을 지향해야 한다. 하나님께서 주신 잠재력을 최대한 발휘해서 최선의 것으로 하나님께 드려야 한다. 성경은 우리의 몸은 하나님께서 기뻐하시는 거룩한 산제물로 드려야 한다고 말씀한다. 여기서 '거룩한'이란 구별된 것을 의미한다. 구별하되 흠 없는 최상의 것으로 구별해야 한다는 말이다. 우리는 가장 소중하고 좋은 것을 구별해서 하나님께 드려야 한다.

교회의 리더로서 우리의 역량을 계발할 때에도 "이 정도면 됐다"라고 생각하고 멈추면 안 된다. 돈 쿠진스(Don Cousins)는 "나는 하나님의 영광을 위해 교회를 관리하고 싶다. 목회를 하면서도 내 목구멍에 풀칠하는 것, 아니면 그냥 어떻게 좀 돌아가는 것을 원하는 게 아니라 하나님의 영광을 위해 목회하고 싶다. 그보다 못한 것은 창조주에게 합당하지 않다. 그분은 당신이 지으신 모든 것을 보시며 '좋았다'라고 하셨지, '그만하면 됐다'라고 말씀하신 적이 없다"라고 말한다.

🖋 모델로 쓰임받기 위한 네 가지 방법을, 당신은 앞으로 삶에서 어떻게 적용할지 구체적으로 적어보라.

위의 네 가지 제안을 나의 것으로 만드는 과정이다. 실제 삶에 적용하고자 하는 노력은 꼭! 필요하다.

03
헬퍼가 되어라

추운 겨울을 남쪽 나라에서 보내기 위해 달밤에 날아가는 기러기 떼는 'V'자형으로 줄을 지어 날아간다. 당신은 그 이유를 아는가? 새가 날기 위해 날개를 퍼덕이면 그 뒤에 있는 새에게 양력이 작용한다. 때문에 기러기 떼가 'V'자형으로 날면, 기러기 혼자 날아가는 것보다 71%를 더 멀리 날 수 있다고 한다. 선두에 섰던 기러기가 지치면 대열 안으로 들어가고, 다른 기러기가 선두에 서기를 반복하며 기러기 떼는 'V'자형을 유지한다. 뿐만 아니라 기러기 떼가 날아가며 자주 우는 소리를 내는데, 그건 앞서가는 기러기에게 힘을 내서 날아가라는 응원의 소리라 한다. 만약 기러기 한 마리가 병에 들거나 총에 맞아 떨어지면, 기러기 두 마리가 대열에서 이탈하여 상처 난 기러기를 보호하거나 도와준다고 한다. 죽거나 상처가 회복되어 다시 날 수 있을 때까지 옆에서 지켜주는 것이다. 그 후에 자신들끼리 항오(行伍)를 지어 날아가든지, 아니면 다른 기러기 떼와 함께 날면서 자신들의 떼를 따라간다고 한다.

헬퍼십이 필요하다

켄 블렌차드는 자신의 저서 《경호!》(21세기북스)에서 다람쥐에게 배우는 교훈과 비버에게 배우는 교훈, 그리고 기러기에게서 배우는 교훈을 이야기한다. 이 이야기 가운데 굉장히 중요한 교훈이 있는데, 바로 '격려'이다. 아무리 위대한 지도자라고 해도 옆에 격려하고 함께 서로를 붙잡고 가는 동료가 필요하다는 것이다. 교회의 리더들도 힘들 때가 참 많다. 때문에 '헬퍼십'이 필요하다. 구영삼과 조태은의 공저 《헬퍼십》(한세)에서는 바이올린을 비유로 하여 헬퍼십의 개념을 설명한다. 가장 좋은 연주는 제2 바이올린이 제1 바이올린의 연주를 겸손히 잘 받쳐줄 때라 한다. 때문에 제1 바이올린보다 제2 바이올린 주자를 뽑는 것이 더 어렵다고 한다. 무엇을 말하는가? 우리에겐 헬퍼들이 필요한데, 아쉽게도 우리 주변에는 점점 헬퍼들이 사라지고 있다는 것이다.

모든 사람들은 자신이 1인자의 그 권력과 그늘에 있기를 원한다. 혹 2인자로서 자격과 역할이 생기면 1인자가 기뻐하는 것이 아닌, 경계와 견제를 받아 결국 숙청되는 경우가 일반적이다. 그러나 하나님의 비전을 이루어가는 팀으로, 교회 공동체는 세상과 다른 개념으로 리더와 헬퍼의 관계를 자리매김해야 한다. 은사에 따라 주어진 역할 분담의 관점에서 리더와 헬퍼의 관계가 설정되어야 한다. 그래야 건강한 공동체로 설 수 있다.

배에는 선장이 하나면 족하다. 선장이 여럿이면 배가 산으로 간다. 교회도 마찬가지다. 교회에는 '담임목사'라는 선장이 있고, 다른 사람들은 그 배가 목적지까지 잘 운항할 수 있도록 자신의 역할을 하나님께서 주신 은사에 따라 제대로 감당하면 된다. 이때 중요한 건, 내가 누군지를 바로 아는 것이다. 내가 가진 은사가 무엇인지, 무엇을 하면 다른 사람들에게 도움이 되는지를 제대로 알아야 한다. 또한 우리 공동체가 어떤 공동체이고, 어디로 가고 있는지를 바로 알아야 한다. 동시에 나와 함께 배를 타고 있는 다른 사람들이 누군지도 알아야 한다.

요즘의 드라마를 보면 주연만 스포트라이트를 받지 않는다. 조연이 뜨는 시대다. 옛날에는 주연만 엄청난 캐스팅비를 주고 제대로 쓰면 드라마가 성공한다고 했는데 요즘에는 그렇지 않다. 드라마 속에서 주인공 주변에 있는 역할 하나하나가 상당히 감칠맛나게 자신의 역할들을 하는 조연들이 나름대로 뜨는 모습들을 보게 된다. 교회 공동체에서도 이런 모습들이 충분히 가능하다고 생각한다.

하워드 헨드릭스는 "만일 하나님께서 원하신다면 기꺼이 당신은 짐 가방을 들어줄 수 있는 사람이 될 용의가 있는가? 하나님의 목적을 성취하기 위해서라면 무대에서 물러나 막 뒤에서 일할 용의가 있는가? 하나님은 더 이상 별을 찾고 계시지 않는다. 그분은 종을 찾고 있다"라고 말한다. 오늘날 한국 교회 지도자들이 명심해야 할 중요한 메시지다. 또 캘빈 밀러(Calvin Miller)는 교회 안에서 팀 사역을 이루어가기 위한 전제 조건이 무엇인지를 다음과 같이 설명한다: "진정한 협력 사역의 정신을 세우기 위해 당신은 책임뿐만이 아니라 보고 의무와 영광도 함께 나누어줘야 된다." 교회 안의 직분자들은 이런 팀 스피릿을 가지고 목회자와 평신도가 함께 일할 수 있는 구조를 만들어갈 필요가 있다.

> 나는 당신이 얼마나 많은 재능을 가지고 있는지 모르지만 내가 아는 것은 겸손이 결여된 재능은 운전대를 잡고 있는 주정뱅이와 같다는 것이다. 그것은 터지기를 기다리는 사고와 같다. 그와 같은 충돌 사고를 방지하는 길은 노련하고 성숙한 사람의 훈련 밑에서 종의 역할을 수행하는 것이다. - 하워드 헨드릭스

교회 안에서 평신도 지도자들이 왜 목회자를 도와주어야 하는가? 오늘날 교회라는 배의 선장으로 부름받은 목회자들은 많은 위기에 부딪히고 있다. 사실 목회가 무엇인지 잘 모르는 사람들은 목회자들이 일주일에 주일 하루만 일하고 평일에는 놀고먹는 사람처럼 생각한다. 하지만 새벽기도회부터 파도처럼 밀려드는 설교와 심방, 상담으로 열심히 섬기는 목회자들은 대부분이 피곤에 찌들어 살고 있다. 때문에 초대 교회 사도들처럼 돕는 평신도 지도자들이 절대적으로 필요하다.

✒ 당신이 헬퍼로 목회자를 도왔던 경험, 그로 인해 교회 공동체에 유익이 되었던 경험을 나눠보라. 만약 그런 경험이 없다면, 그 이유가 무엇인지 솔직히 적어보라.

가끔 교회 공동체를 세상의 기업이나 조직으로 오해하는 경우가 있다. 그래서 교회의 지도자가 되면 목회자와 협력 관계보다 견제의 대상이 되려고 한다. 그러나 분명한 것은 교회의 머리는 예수 그리스도이고, 그분이 선장으로 기름 부어 세우신 지도자는 담임목사임을 기억하라. 우리는 그들의 헬퍼로 세워졌다.

목회자는 외롭다

예전에 미국의 풀러 신학교에서 조사를 한 적이 있다. 비록 미국 목회자들에 대한 통계지만, 그 조사는 한국 교회에도 큰 시사점을 준다. 그 통계에 의하면, 목회자들의 80%가 사역이 가정에 부정적인 영향을 미치고 있고, 그들의 75%가 사역하는 도중에 한 번은 심각한 스트레스를 경험했다고 한다. 또 그들 중 50%는 자기 자신이 충분히 그 사역을 감당하지 못하고 있다고 느끼고, 90%는 자기가 그 사역에 필요한 충분한 교육을 받지 못했다고 생각한다. 그리고 70%는 처음 사역을 시작했을 때보다 자신감이 훨씬 떨어져 있다고 대답했다. 목회자 가운데 33%는 성도와 성적으로 올바르지 못한 행동을 했다고 고백했고, 70%는 주변에 가까운 친구라고 생각하는 사람이 없다고 말했다. 이 통계를 보면 목회자가 얼마나 위기에 처해 있는지를 알 수 있다.

목회자들이 직면하는 문제 가운데 첫 번째는 '고독'이다. 목회자 중에 70% 정도가 터놓고 이야기할 수 있는 친구가 없다고 말하는 것을 보면, 리더십 위치에 올라가는 것 자체가 사실은 사람들로 하여금 고립되게 만드는 경향이 있기 때문이라 생각한다. 또 목회자들에게 빼놓을 수 없는 문제가 스트레스다. 일로 인해서 일어나는 스트레스는 빨리 사라질 수 있다. 그러나 사람과의 관계에서 일어나는 스트레스는 쉽게 해소가 안 된다. 어떤 사람이 목회자들의 스트레스를 가늠할 수 있도록 돕는 재미있는 글을 썼다.

수백 년간을 찾아다닌 결과, 컴퓨터를 통해 완벽한 목사를 찾아냈다. 그는 교회에서 연장자에 속하지만 모든 성도들을 즐겁게 해준다. 그는 정확하게 20분만 설교하고 자리에 앉는다. 죄에 대해서 분명하게 말하지만 설교를 듣는 그 어느 누구의 심기도 불편하게 만들지 않는다. 그는 새벽기도회부터 시작해서 심야기도회까지 인도하고, 설교는 물론 예배당 청소까지 다 감당한다. 사례비로 받은 돈은 모두 다시 교회에 헌금하고, 최신식 승용차를 타고 다니며, 목회에 필요한 도서를 구입하기 위해 많은 돈을 사용하고, 언제나 깔끔하고 멋진 옷을 입고 다니며, 자녀들은 모든 사람들의 부러움을 살 만큼 잘 자라준다. 늘 선한 사업에 아낌없이 기부하고, 지나가다가 들르는 거지를 빈손으로 돌려보낸 적이 없다. 그의 나이는 36세이지만 40년의 설교 경력을 가지고 있다. 그는 작은 사람들이 볼 때에는 키가 큰 편이고 마른 사람들이 볼 때에는 살찐 편이며 아주 잘생겼다. 그는 청소년들을 향한 뜨거운 열정이 있으면서도 대부분의 시간을 노인들과 함께 보낸다. 그는 진지하면서도 유머를 잘 구사하고, 사람들을 똑바로 바라보지만 항상 웃음을 잃지 않는다. 하루에 열다섯 가정씩 성도들을 심방하고, 불신자들에게 복음을 전하는 데 모든 시간을 보내며, 만나기 원하는 성도들은 언제나 서재에 가면 만날 수 있다. 불행스럽게도 그는 자신을 돌볼 틈이 없어 32세에 세상을 떠났다.

말도 안 되는 이야기다. 32세에 세상을 떠난 목사가 나이는 36세이고, 설교 경력은 40년인 사람이 어디에 있는가? 그런데 오늘날 성도들은 이런 불가능한 목사를 원한다. 사람들은 우리 목사님이 열심히 심방하기를 원하면서도 내가 필요하면 언제든지 만날 수 있기를 원한다. 그런 슈퍼맨을 요구한다. 그러니 그 모든 기대와 필요를 채워주려고 한다면 얼마나 많은 스트레스를 받겠는가? 또 많은 목회자들이 무력감을 느낀다. 사역을 하다가 안 되는 일들을 바라볼 때마다, 최선을 다해서 섬겼는데도 불구하고 성도들의 숫자가 늘지 않는 것을 볼 때마다 무력감을 느끼는 목회자들이 정말 많다. 그런가 하면 그런 것으로 말미암아 우울증 증세까지 경험하는 사람들이 참 많다. 당신이 함께하는 목회자는 어떠한가? 또 당신은 어떤가?

✒ 당신이 함께하는 목회자를 돌아보라. 목회자에게 지금 당장 필요한 헬퍼십은 무엇인지, 당신은 어떤 역할로 그가 필요한 사역을 도울 수 있을지 적어보라.

목회자의 무거운 짐을 나눠들 수 있는 교회의 지도자들이 많이 나올 수 있길 소망한다.

위대한 2인자가 필요하다

80년대 초반, 나는 같은 동아리 선배를 통해 크게 도전을 받은 적이 있다. 그분은 당시 암스테르담에 있는 빌리 그레이엄(Billy Graham) 집회에 참석을 하고 돌아왔었다. 그때 거기서 했던 경험을 다음과 같이 나눠주었다: "야, 내가 이번에 가서 참 도전받은 게 있다. 빌리 그레이엄 목사님이 나와서 강의할 강사들을 소개를 하는데, 소개할 때마다 이렇게 소개를 해주더라. '이 사람은 나와 함께 찬양 사역을 이십 몇 년을 한 사람이다. 이 사람은 나와 함께 빌리 그레이엄 복음협회를 30년 동안 이끌어 간 사람이다'라고 말이지. 보통 10년, 20년, 30년의 관계를 언급하면서 강사들을 소개해주는데 충격을 받았어." 그는 보이지 않는 곳에서 누군가는 재정 문제를 책임져주고 그의 모든 스케줄을 관리해주며 찬양 사역을 감당해 주는, 그래서 빌리 그레이엄과 더불어 헌신한 사람들이 있었기에 오늘날 세계적으로 복음을 증거하는 이 빌리 그레이엄 복음협회가 성공할 수 있었던 것을 보았다고 간증을 한 것이다.

그때 나는 선배의 간증을 들으며 마음속에 이런 기도를 드렸다: "하나님, 우리 한국에도 이런 일들이 있게 해주시옵소서. 저도 좋은 분 만나면 10년이고 20년이고 함께 일했으면 좋겠습니다." 감사하게도 하나님께서 나에게 좋은 지도자를 만나게 하시고, 그분께 사랑받으며 멘토링을 받게 하셔서 오늘날 내가 있을 수 있도록 크신 복을 주셨다. 혼자서는 결코 할 수 없는 일들을 하나님 나라의 같은 꿈을 가지고 각자에게 주신 은사에 따라 역할을 나누어 섬기게 하심으로 이루게 하셨던 것이다.

수년 전, 작고하신 빌리 그레이엄 목사가 생전에 국회에서 명예 훈장을 수상했다. 수많은 정부 관리와 세계적인 리더들이 국회의사당 홀을 가득 메웠다. 빌리 그레이엄은 훈장을 수여받으면서 다음과 같이 말했다: "이 상은 정말 제가 받으면 안 되는 것입니다. 이 상은 우리 팀이 받아야 합니다. 우리는 45년을 함께 일했습니다. 그들이 없었다면 지금의 저도 없었을 것입니다. 나는 그들에게 큰 빚을 진 사람입니다." 그리고 그는 사역의 핵심 팀원들의 이름을 하나하나 불렀다. 그들의 이름을 부르면서 그는 북받치는 감정을 억제하려 안간힘을 쓰고 있었다. 이처럼 헬퍼가 된다는 것은 단순히 크게 쓰임받는 한 사람을, 그저 돕는 것으로 자기 인생을 소모하는 것이 아니다. 서로가 주고받는 것이다. 함께 일함으로 오로지 빌리 그레이엄 한 사람만 영광스러운 자리에 오르는 것이 아닌, 헬퍼로 섬기는 사람들도 빌리 그레이엄 못지않게 그가 누리는 복을 함께 누린다.

오늘날 한국 교회 안에도 이런 헬퍼들이 필요하다. 하나님께서는 모든 사람들을 다 담임목사로 부르지 않으셨다. 모든 사람들을 다 장로로 부르신 것도 아니다. 하나님께서는 하나님 나라의 사역을 위해 각자에게 은사를 주시고, 서로가 서로를 섬기며 협력하도록 우리를 부르셨다. 각자에게 주신 소명과 은사에 따라서, 자신에게 맡겨진 헬퍼의 위치에서 함께 하나님 나라를 일구어가도록 우리를 부르셨다. 한국 교회 안에도 이러한 위대한 2인자들이 많이 있으면 좋겠다.

✒ 위대한 2인자가 되기 위한 다짐을 적어보라.

인간이기에 우리는 늘 1인자가 되려고 한다. 그러나 교회의 지도자는 하나님 나라의 위대
한 2인자가 될 수 있어야 한다. 이 다짐을 적고, 매달 1회씩 읽으며 초심을 잃지 말라.

완벽한 헬퍼가 되는 방법

사도 바울 주변에는 함께 협력하며 섬겼던 위대한 2인자들이 많았다.
아나니아, 바나바, 실라, 누가, 브리스가, 아굴라와 같은 위대한 2인자들 말
이다. 브리스가와 아굴라 부부는 얼마나 아름다운 삶을 살았는가? 그들은
평신도였다. 그런데 사도 바울이 브리스가와 아굴라를 어떻게 표현했는가?
자기 목이라도 내어 줄 사람이라고 소개하였다. 나는 그 표현을 대할 때 섬
뜩했다. '과연 목이라도 내어 줄 수 있을 정도의 관계가 존재할까? 그런 관
계가 우리에게 있을까?'라는 생각이 들었다. 우리 교회는 물론 한국 교회에

바울과 브리스가와 아굴라와 같은 목회자와 평신도 지도자들의 관계가 있다면, 모든 사역 현장은 정말 멋지고 아름다운 일들을 경험하게 될 것이다.

출애굽기 17장에 보면, 이스라엘과 아말렉의 전투가 나온다. 여호수아가 전쟁터에서 칼을 들고 싸울 때, 모세는 산 위로 올라가 손을 들고 기도를 한다. 그런데 모세가 손을 들고 기도를 하면 이스라엘이 이기고, 피곤해서 손을 내리면 이스라엘이 지는 게 아닌가? 그래서 할 수 없이 아론과 훌이 돌을 가져다가 모세의 팔을 받쳐놓고 함께 모세의 손을 붙잡고 있게 된다. 모세의 두 손만이 하늘을 향할 때는 이스라엘이 이길 수가 없었다. 그와 더불어 옆에 서 있는 형제들, 동역자들이 함께 여섯 개의 손을 하늘로 향해 올렸을 때 이스라엘이 승리할 수 있었다. 목회도 마찬가지다. 함께 하늘을 향하여 손이 올라갈 때 이 세상과 벌이는 영적 전투에서 우리가 승리할 수 있다. 교회의 영적 지도자를 도와서 함께 승리하기를 원하는가? 어떻게 하면 아론과 훌처럼 영적 전쟁의 승리에 동참할 수 있을까? 몇 가지 제안을 한다.

첫째, 목회자를 위해서 기도하라.

교회의 영적 지도자를 도울 수 있는 첫 번째 방법은 기도하는 것이다. 목회자를 기도로 돕는 사역을 위해 정말 좋은 책이 하나 있다. 존 맥스웰 목사님이 쓴 《기도동역자》(디모데)라는 책이다. 조금 오래된 책이긴 하지만 이 책을 통해서 목회자들의 영적 전투의 현장을 이해할 수가 있을 것이다. 그리고 이 책은 목회자를 위하여 어떻게 기도하면 되는지를 자세히 정리해 주고 있다. 기도의 동역자로서 어떻게 기도하면 좋을지 알기 원하는 분들께 이 책을 강력하게 추천한다.

둘째, 목회자의 열정과 비전을 이해하라.

교회의 지도자들이 목회자를 온전히 이해할 필요가 있다. 특히 담임목사가 이 교회를 통해서 어떤 일을 이루어가고 싶어 하는지에 대해, 그가 품고 있는 비전과 꿈을 공유해야 한다. 문제는 담임목사만 비전을 갖고 있다는 것이다. 평신도 지도자들은 그 비전이 뭔지 잘 모른다. 그래서 목회자들이 어떤 사역을 하려고 하면 왜 그 사역을 하려고 하는지 이해를 못하는 것이다. 서로 다른 생각을 가지고 교회를 섬기고 있다. 그럴 수 있겠지만, 문제는 그 간격이 너무 크다는 데 있다. 목회들은 평신도들의 수준에까지 내려와서 그들의 언어로 비전을 공유할 필요가 있다. 더불어 평신도 지도자들은 목회자의 비전을 이해할 수 있도록 마음을 열고 대화해야 한다.

셋째, 목회자에게 정보와 지혜를 제공하라.

평신도 지도자들이 목회자에게 자신의 삶 속에서 얻은 지혜와 정보를 제공할 필요가 있다. 직장 생활을 통해서 깨달은 통찰, 신문이나 잡지를 읽다가 얻은 깨달음, 자신의 경험을 통해서 나눌 수 있는 간증들을 목회자와 나누어야 한다. 그럴 때 강단에서 전해지는 메시지가 사변에 흐르지 않고, 성도들의 삶에 구체적으로 변화를 일으킬 수 있게 된다. 좋은 자료가 있으면 복사를 해서 주고, 다른 교회를 방문했다가 받은 감동이 있으면 목회자에게 나눠주라.

넷째, 목회자의 약점을 보완해주라.

우리는 인간이기 때문에 장점이 있는가 하면 약점도 있다. 어떤 목회자에게 강점이 있다고 하는 것은 그 반대편에는 그늘이 진 약점도 있다. 행정력이 있고 꼼꼼한 사역자들은 인간관계가 약할 수 있다. 반면, 심방을 잘하고 약한 사람들을 잘 돕는 사역자라면 제자훈련을 잘 못할 수도 있다. 사역자에게는 약한 구석이 있기 마련이다. 함께 동역하는 평신도 지도자들이 그의 약한 부분을 보완해 줘야 균형 있는 건강한 교회가 될 수 있다.

다섯째, 목회자와 함께 성장하라.

목회자들은 사역의 성격상 계속해서 자기 발전을 해야 한다. 독서를 하고, 강의를 들으며, 성경 연구를 하면서 자기 계발을 한다. 반면, 평신도 지도자들은 교회 지도자로 임직을 받게 되면 더 이상 자라지 않는 경우들이 많다. 또한 교회 지도자들의 역할이 교회 성도들의 규모에 따라 달라지는데, 그 성장 속도에 맞추어 평신도 지도자들이 성장하지 않는 경우도 많다. 목회자와 더불어 성장할 수 있을 때 교회가 건강하다. 평신도 지도자들이 교회와 하나님 나라의 관점에서 자신의 역량을 점검하고 확장해 나갈 수 있도록 배울 수 있는 기회를 확장해야 한다.

🖋 완벽한 헬퍼가 되기 위한 다섯 가지 방법을 어떻게 적용할지 적어보라.

알고 있는 것을 실천하는 것이 중요하다.

04

멘토가 되어라

남인도에서 볼 수 있는 반얀(banyan)이라는 나무는 정말 매혹적이다. 가지는 넓게 드리워져 하늘 아래 뻗어 있으며 대지를 가득 덮는다. 다 자란 반얀은 1ac(에이커) 이상을 차지한다. 수많은 사람과 동물들이 반얀의 그늘 아래에서 휴식을 취한다. 그러나 반얀의 울창한 나무 밑에는 아무것도 자라지 않는다. 때문에 반얀이 시들면 그 밑의 땅도 황폐해지고 결국 반얀의 생명은 끝나고 만다. 그러나 바나나 나무는 반얀과는 정반대다. 바나나 나무가 싹이 나고 6개월이 지나면 그 주위에 새로운 작은 가지들이 돋아난다. 그리고 12개월 후엔 처음에 싹이 났던 가지 주변으로 두 번째 싹이 나온다. 18개월 후엔 가장 굵은 줄기에 바나나가 열리고, 사람들과 동물들이 먹을 수 있게 된다. 그 후에 바나나 나무가 시들게 되면 6개월 후에 그 옆에서 자라고 있던 나무가 열매를 맺고 시들어 간다. 이처럼 바나나 나무 주변에는 6개월마다 새싹이 돋아나고 자라서 더 많은 가지를 치고 열매를 맺는다.

우리의 인생도 이와 같다. 한 사람이 우뚝 서서 뭔가 크게 일을 벌여놓으면 우리는 그 사람을 성공한 인생이라고 평가한다. 하지만 그 사람이 세상을 떠나고 난 뒤엔 모든 것이 황폐화되는 경우가 있다. 반얀 나무와 같은 지도자다. 반면, 바나나 나무와 같은 지도자들도 있다. 그의 주변에는 같은 꿈을 가진 사람들이 계속 자라나고, 그가 그 자리를 떠난 후에도 그 꿈과 비전을 이어받는 지도자들이 있다. 진정한 지도자는 그 사람이 그 자리를 떠난 뒤에 알 수 있다. 슈퍼스타처럼 우뚝 서서 많은 사람들에게 영향력을 끼친 것 같지만, 그가 그 자리를 떠난 다음에 아무런 일도 일어지지 않는다면 그는 진정한 지도자가 아니다. 그가 그 자리를 떠난다 할지라도 그가 가지고 있던 꿈과 비전이 다른 사람에게 이어지고, 대를 이어 계속해 확장된다면 그는 진정한 지도자라고 할 수 있다.

멘토의 정의

최근 '멘토'라는 용어가 많이 사용된다. 기억할지 모르겠으나 과거 금요일 밤에 방영되었던 예능, 스타오디션 '위대한탄생'(MBC)에서 멘토와 멘티라는 관계를 설정하여 사람들의 관심을 끌었다. 덕분에 사람들에게 잘 알려져 있지 않던 멘토와 멘티라는 용어가 지금은 자연스럽게 사용되고 있다. 저마다 개성이 뚜렷한 5명의 멘토들이 4명의 멘티를 선발하고, 각자의 방식으로 멘토링하면서 오디션을 진행하는 프로그램이다. 그런데 놀라웠던 것은, 처음에는 어설프게만 보였던 멘티들이 불과 몇 주 만에 성장하는 모습이었다. 멘토들은 함께 부둥켜안고 눈물을 터뜨리는 따뜻한 감성으로 멘티들에게 다가가 격려함으로 변화를 이끌어내기도 했다. 물론 때로는 서러운 눈물을 뽑아낼 정도의 독설을 퍼붓기도 한다. 어떤 형태든지 나름대로의 애정을 담은 조언을 통해 담금질되는 멘티들을 보면서 많은 시청자들이 나에게도 저런 멘토가 있었으면 좋겠다는 생각을 하게 만들었던 것을 기억한다.

원래 멘토라는 말은 호머(Homer)가 쓴 《오디세이》라는 책에 나오는 사람의 이름이다. 주전 1,200년경에 트로이의 왕자 파리스가 스파르타의 왕비 헬레나를 데리고 가면서 그리스의 연합군과 트로이 사이에 전쟁이 발발하게 되었다. 그 유명한 트로이 전쟁이 터진 것이다. 그리스의 작은 왕국 이타이카의 왕인 오디세우스도 이 전쟁에 출전하게 되면서, 사랑하는 아들 텔레마쿠스를 자신의 가장 믿을 만한 친구인 멘토에게 맡긴다. 오디세우스가 10년이 넘게 전쟁터를 떠돌다 돌아오기까지 멘토는 친구이자 스승 그리고 아버지와 같은 존재로 왕자 텔레마쿠스의 곁을 지키며, 그를 멋지고 늠름한 모습으로 키운다. 이후 멘토라는 이름은 한 사람이 또 다른 사람에게 신뢰의 관계를 바탕으로 인생의 지혜를 전수하는 스승의 대명사가 되었다.

그런데 이 멘토에 대한 연구는 1980년대에 와서 구체적으로 시작되었다는 것을 아는가? 그 전에는 사실 멘토라는 말이 사용되지 않았다. 왜냐하면 고대에는 사람들이 자기 주변에 있는 사람들을 통해 많이 배워왔기 때문이다. 그러다가 활자 문화가 발달하기 시작하면서 사람들은 책이나 학교와 같은 시스템을 통해 배우기 시작했다. 그때부터 관계에 대한 중요성이 잊혔다. 하지만 1980년대에 이르러 다시금 '단순히 활자를 통해 지식을 얻는 것이 아니라 결국은 인격적 관계를 통해 영향 받는 것이 훨씬 더 중요하구나'를 깨닫기 시작하면서 멘토에 대한 연구가 시작되었다.

1983년 〈하버드 비즈니스 리뷰〉라는 잡지의 특별판에서는 미국 내 30대 우량 기업의 CEO들을 심층 인터뷰하면서 발견한 공통점을 게재하였다. 그건 바로 이들이 모두 멘토를 통해 많은 것을 배웠다는 것이었다. 이 논문이 발표되면서 사람들은 멘토의 중요성을 발견하게 되었다. 그리고 1980년대 초반에 발달이론의 대표적인 학자인 다니엘 레빈슨(Daniel Levinson)이 《인생의 사계절》이라고 하는 책을 쓰게 되는데, 그 책에서 다음과 같은 이야기를 한다: "멘토가 없이 자라나는 청소년들은 부모가 없이 자라나는 아이들과 똑같다." 그는 젊은 시절의 멘토가 얼마나 중요한지를 책을 통해 소개한 것이다. 이후 많은 사람들이 멘토링에 관심을 갖기 시작했고, 어어 멘토링에 관한 연구 논문들이 쏟아져 나오기 시작했다.

멘토란 비교적 경험이나 연륜이 많은 사람으로 상대방 안에 담겨진 잠재력을 내다볼 줄 알며, 상대방이 가지고 있는 꿈과 비전을 이룰 수 있도록 도전과 격려 그리고 도움을 줄 수 있는 사람을 말한다. 멘토의 도움을 받는 사람들을 가리켜 '프로테제'라 부르기도 하고 '멘토리' 혹은 '멘티'라고 표현하기도 한다. 존 맥스웰(John C. Maxwell)은 멘토를 다음과 같이 정의한다: "멘토란 자신의 삶을 다른 사람에게 쏟아 붓고, 그들과 함께 나누려고 하는 의지와 다음 세대를 위하여 살려고 하는 열망을 가진 사람이다." 또 멘토와 멘티 간에 관계를 통해 이루어지는 일을 가리켜 '멘토링'(mentoring)이라고 하는데, 그는 멘토링을 다음과 같이 정의한다: "멘토링이란 한 사람이 가지고 있는 지혜를 그가 가지고 있는 신용과 경험과 시간 그리고 인간관계를 통해서 다른 사람에게 의도적으로 전달하는 과정이다."

인생을 살아가면서 좋은 멘토를 만나는 것은 평생의 축복이다. 우리의 인생에 누구를 만나느냐가 우리 인생의 질을 결정한다. 오늘 우리의 삶에 어떤 멘토가 찾아와 "난 자네의 인생에 아름다운 꽃이 피는 것을 보고 싶다네. 자네를 위해서 쉬지 않고 기도하겠네. 어려운 일이 있으면 언제든지 나를 찾아오게나. 내가 힘이 되어주겠네"라고 말해준다면, 어떤 일이 벌어질까? 분명 이전과 다른 변화된 이후의 삶을 살게 될 것이다.

개인적으로 나에게는 대학생활 중에 일어난 두 만남이 큰 축복이었다. 하나인 '파이디온 선교회'라는 동아리는 영적갈증으로 지친 나의 대학생활에 시원한 얼음냉수와 같았다. 동아리의 모임을 위해 사용되던 대학 강당의 꼭대기 작은 다락방, 그곳의 작은 탁자에 둘러앉아 말씀을 함께 묵상하고 나눔으로 나는 복음의 의미를 붙잡을 수 있었다. 그리고 말씀 안에서 성숙해가는 삶의 토양을 일굴 수 있었다. 또 다른 하나는 사랑의교회 대학부에 출석하면서 만난 옥한흠 목사님이었다. 목회자로 부름을 받아 함께 사역을 하면서 나는 삶 속에서 그분의 도전과 격려로 비전을 갖게 되었고, 사역에 필요한 역량도 키워갈 수 있었다. 옥 목사님은 내가 성숙해가는 만큼 적당한 사역의 자리와 역할을 만들어주었고, 나를 믿고 과감하게 사역을 위임해 주기도 하였다. 그런 멘토가 있었기에 오늘의 내가 있음을 고백한다. 이런 멘토와의 만남은 우리 인생에 허락하시는 주님의 축복 중 으뜸이 아닐까?

그리스도의 몸된 교회가 건강하게 서 가며, 세상 속에 강력한 영향력을 끼치기 위해서는 교회의 지도자들이 성도들의 멘토가 되어야 한다. 교회 안의 영적 지도자들과 영적으로 갓 태어난 새가족 사이에 멘토링이 일어나야 한다. 사회의 곳곳에서 전문가로 인정받고 있는 신앙의 선배들이 세상에 갓 발을 내디딘 후배들에게 조언과 배려를 아끼지 않는 멘토링의 손길을 펼쳐져야 한다. 교회의 지도자들이 바쁜 시간을 쪼개어 헌신하고 주머니를 털어서 멘토링에 할애해야 한다. 오늘날 우리 교회에는 다음세대를 이어가는 멘토들의 헌신이 절실하다. 도움의 손길이 필요한 우리 주변의 사람들을 바라보면서 그들에게 다가가 조용히 손을 내미는 사람이 하나둘 늘어갈 때 한국 교회의 미래는 밝게 될 것이다.

✒ 당신에게는 어떤 멘토들이 있었는지, 또 지금은 어떤 멘토가 있는지 적어보라.

과거 당신을 변화시키고 성장시킨 멘토를 회상하며, 당신은 교회의 지도자로서 어떤 멘토가 될지 함께 고민하는 시간이 되길 바란다.

멘토의 역할

하나님께서는 사람들을 세워가기 위해 사람들을 사용하신다. 사도 바울이 사도 바울 될 수 있도록 하기 위해 하나님께서는 그에게 많은 멘토들을 붙여주셨다. 사도 바울을 세워준 멘토들 가운데 빼놓을 수 없는 사람이 있는데, 그는 바로 스데반이다. 스데반이 사도 바울의 멘토라고 하면 고개를 갸웃거리는 사람도 있을 것이다. 왜냐하면 두 사람은 서로에게 영향을 끼칠 만큼의 깊은 인격적 관계를 맺은 적이 없기 때문이다. 그러나 스데반은 사도 바울 생애에 엄청난 영향을 끼친 멘토가 맞다. 사도 바울은 평생 스데반을 기억하며 지냈다. 자신을 향해 '죄인 중의 괴수'라고 고백할 때에도 빈말이 아니었다. 자신의 가슴 속에 새겨진 스데반의 죽음을 되새기면서 그렇게 표현했을 것이다.

사도행전 6장에서는 사도 바울과 스데반의 운명적 만남에 대해 설명한다. 예루살렘교회는 과부들을 구제하는 문제로 인해 갈등을 겪게 되었고, 이를 해결하기 위해 교회의 구조를 갱신하게 된다. 구제를 전담하는 직분자를 세운 것이다. 그 사역을 위해 성령이 충만하고 지혜로우며 믿음이 있는, 사람들에게 칭찬받는 사람을 선택하게 되는데 그때 세워진 일곱 명 가운데한 사람이 바로 스데반이었다. 그는 유대인들 앞에서 예수가 그리스도이심과 그분은 유대인들이 죄 없이 십자가에 처형했음을 선포하였다. 스데반의 변론에 말이 막힌 유대인들은 돌을 들어 스데반을 죽였다. 그때 스데반을 죽이는 선봉에 선 사람이 청년 사울이었다. 청년 사울의 눈앞에서 비록 처참하게 죽어가면서도 증오가 아니라 용서와 사랑을 보여준 스데반의 모습은 실로 충격이었을 것이다. "저들의 하는 일을 알지 못합니다. 저들을 용서해 주옵소서"라고 하는 스데반의 기도는 사울의 가슴 깊은 곳을 무너뜨렸다. 비록 청년 사울이 그 순간에 회심하지는 않았지만, 사도 바울로 살아가는 그의 삶 구석구석에는 스데반의 영향을 볼 수 있다. 청년 사울은 스데반을 통해 은혜가 무엇인지를 보았던 것이다.

사도행전을 저술한 의사 누가는 당시 그 자리에 없었지만, 스데반의 변론을 마치 그 자리에 앉아 있는 듯 자세히 서술하고 있다. 누가는 어디서 이 현장의 이야기를 얻었을까? 아마도 사도 바울과 더불어 여행하던 중, 순간순간마다 스데반의 위대한 삶과 죽음을 사도 바울을 통해서 들었을 것이다. 사도 바울은 그의 마음속에 언제나 스데반의 모습을 기억하고 있었다. 자신이 그에게 했던 과오를 돌이키며 자신을 향해 죄인 중의 괴수라고 고백했을 것이다.

이처럼 멘토는 진실을 있는 그대로 대면하도록 돕는다. 스데반이 비록 돌에 맞아 죽어가면서도 사도 바울로 하여금 진리를 그대로 보여주었던 것처럼, 우리가 살아가는 삶 속에서 멘토는 때때로 이와 같은 역할을 한다. 우리를 향한 하나님의 사랑과 은혜를 타협하지 않고 선명하게 전달한다. 이로 인해 자신이 돌에 맞아 죽는다 할지라도 말이다.

사도 바울의 삶과 사역에 영향을 끼친 멘토 중에는 아나니아도 있다. 청년 사울이 다메섹으로 가다가 길에서 예수님을 만나 눈이 멀게 되었을 때, 하나님께서는 다메섹의 아나니아에게 사울을 찾아가도록 명하셨다. 찾아가 그에게 안수하고, 그로 보게 하라고 말이다. 이때 아나니아는 하나님께 반

문한다: "사울이라는 자가 예루살렘에서부터 지금까지 우리 그리스도인들을 어떻게 핍박했는지 알고 계시지 않습니까?" 하나님의 명령을 아나니아는 이해할 수 없었다. 하지만 하나님께서는 자신이 사울을 선택하고 도구로 삼았다고 선포하셨다.

하나님의 사람은 하나님의 음성을 들을 수 있는 사람이다. 아나니아가 알고 있던 정보가 그때까지는 확실한 것이었지만, 그는 하나님의 음성 앞에서 자신의 의견과 패러다임을 포기하고 내려놓았다. 이런 태도의 변화는 결코 쉬운 일이 아니었을 것이다. 그럼에도 아나니아는 자신의 마음을 바꿨다. 이런 면에서 아나니아는 분명 하나님의 사람이었다. 청년 사울이 살인자요, 핍박자라는 이전의 정보를 지우고 하나님께서 선택하신 도구라는 새로운 정보로 그의 생각을 바꾸었다.

다메섹에서 만나 주님으로 인해 사울은 깨어졌다. 눈이 멀고 지나온 삶을 생각하며 회한의 눈물을 흘리고 있는 사울을 찾아가 '형제'라고 부르는 아나니아는 정말 사도 바울 생애에 큰 영향을 끼친 멘토라 할 수 있다. 하나님의 명령대로 사울을 찾아가 그를 형제라고 부르며 사울의 삶에 찾아와 하나님의 도구로 부르시는 소명을 확인시켜 주었다. 스데반이 사도 바울의 생애에 진리를 진리대로 볼 수 있도록 대면시키는 멘토의 역할을 감당했다면, 여기 이 시점에서 아나니아는 깨어지고 상처 입은 젊은 영혼의 잠재력을 인정해주는 그에게 임하신 하나님의 부르심을 확인시켜주는 멘토의 역할을 감당한 것이다.

이 모습 속에서 우리는 회복의 가능성을 본다. 결코 변화되지 않을 것 같은 금성철벽(金城鐵壁)과 같은 사울의 마음이 무너지고 그가 주님의 일꾼으로 거듭나는 순간, 아나니아는 사도 바울의 생애에 가장 드라마틱한 순간에 역할을 감당한 멘토였다. 이 사건은 유대인과 이방인의 벽을 무너뜨리고, 남성과 여성의 벽을 무너뜨린 사건이다. 주인과 종의 벽, 철천지 원수의 벽도 무너뜨린 것이다.

청년 사울의 모습 속에서 오늘날 한국 교회의 벽이 깨어지고 회복되는 가능성을 본다. 한국 사회의 동서 간의 벽, 남과 북의 벽, 진보와 보수의 벽, 전쟁을 모르는 세대와 전쟁을 경험한 세대 간의 벽도 주님께서 허락하시면 무너뜨려지는 꿈과 환상을 본다. 아나니아와 같이 하나님의 음성을 듣고 깨어진 형제·자매를 찾아가 위로와 소망의 메시지를 전하는 멘토를 통해 하나님께서는 그 일들을 이루실 것이다. 주님은 이 일에 우리를 부르고 계신다. 아직 어리고 미성숙한 형제·자매에게 하나님께서 그들의 인생을 통해서 이루기 원하시는 것이 무엇인지를 확인시켜주는 멘토로 우리를 부르고 계신 것이다.

또 사도 바울의 삶에 가장 큰 영향을 끼친 멘토는 바나바이다. 바울은 아나니아를 만난 지 1년이 넘어서 예루살렘에 올라오게 된다. 바울 자신은 이미 제자로서 자신의 삶을 주님께 드렸고, 만나는 사람마다 복음을 전하는 사람이 되었다. 그래서 이왕 이 길에 들어선 이상 제자들과 교제하며 더욱 힘 있게 사역하기를 원했을 것이다. 예수님의 제자들을 찾아갔을 때 바울은 환영받는 인물이 못 되었다. 문전박대를 당해야만 했다. 사실 이전에 그가 했던 행동을 돌이켜보면 그 누구도 바울을 형제로 맞이해주지 못하는 것은 어쩌면 당연한 일이었을 것이다. 물론 그가 회심했다는 소문은 들었지만, 과거에 그가 날렸던 악명에 비추어볼 때 믿을 만한 소문이 못 되었을 것이기 때문이다.

그때 사도 바울을 찾아가 그의 이야기를 들어준 사람은 바나바였다. 바나바는 원래 그의 이름이 아니었다. 본명은 요셉! 요셉은 가는 곳마다 사람들을 격려하며 그들의 삶을 세워갔다. 그의 도움을 받은 사람들이 그를 향해 '격려의 아들'(son of encouragement)이라는 의미로 바나바라는 별명을 붙여주었던 것이다. 시간이 지나면서 바나바는 그의 이름으로 굳어져 갔다. 그는 일보다는 사람들에게 관심을 가지고, 사람들의 삶에 자신을 투자한 사람이었다.

어느 누구도 바울과 함께 일하고 싶어 하지 않았던 상황 속에서 바나바는 바울을 만나 인격적인 교제를 가졌다. 그리고 바울을 사도들에게 데리고 갔다. 이런 일에는 엄청난 위험이 도사리고 있었지만 바나바는 감행했다. 하나님께서 이 형제의 삶 속에 일으키신 일에 대해서 들어보자고 했다. 하나님께서 바울에게 이런 역사를 일으키셨다면, 우리가 왜 그를 소외시켜야 되느냐고 반문했다. 제자들과 바울 사이에 흐르던 차가운 냉기를 자신의 가슴으로 녹였다. 바나바의 헌신과 섬김으로 제자들과 바울 사이에 막혔던 담이 무너졌던 것이다.

이후에 바나바는 바울의 동료로, 같은 방향을 향해 함께 걸어가는 목회자요 선교사가 되었다. 안디옥교회에서 자신을 목회자로 부를 때 아직 사람들에게 인정받지 못하고 있던 사도 바울을 함께 데리고 갔다. 풋내기 사역자였지만, 그의 잠재력을 믿고 바울을 팀 사역의 일원으로 데리고 간 것이다. 나중에 자신보다 더 유명해지고 인기를 누리게 되는 바울을 보면서도 그의 성장과 성공을 함께 기뻐해주며 자신은 언제든지 두 번째 자리에 설 수 있는 자세를 가졌다. 그의 멘토링이 없는 바울을 상상이나 할 수 있을까? 함께 같은 길을 걸어가며, 동료의 잠재된 능력을 보면서 그를 일으켜 세워주고 그를 격려함으로 자신보다 뛰어난 사역자가 등장하는 모습을 기쁨으로 바라보던 바나바와 같은 멘토는 이 시대에 절실한 교회 지도자의 모습이다.

지금까지 사도 바울을 사도 바울 되게 만들었던 멘토들의 모습을 통해 멘토가 할 수 있는 역할들을 살펴보았다. 스데반은 있는 그대로의 진실을 대면하도록 도왔다. 비록 돌에 맞아 죽어가면서도 사도 바울로 하여금 진리를 그대로 볼 수 있도록 도왔다. 멘토는 있는 그대로의 진실을 대면할 수 있도록 돕고, 그를 향한 하나님의 사랑과 은혜를 타협하지 않고 선명하게 전달하는 역할을 한다. 아나니아는 사울을 찾아가 그를 '형제'라고 부르며 하나님의 도구로 부르시는 하나님의 소명을 확인시켜 주었다. 깨어지고 상처 입은 젊은 영혼의 잠재력을 인정해주는 멘토의 역할을 감당했다. 멘토는 깨어지고 상처 입은 형제·자매를 찾아가 위로와 소망의 메시지를 전하며 하나님께서 그들의 인생을 통해서 이루기 원하시는 것이 무엇인지를 확인시켜주는 역할을 한다. 바나바는 바울의 동료로서 같은 방향을 함께 걸어가는 멘토였다. 아직 사람들에게 인정받지 못하고 있던 사도 바울에게서 잠재력을 발견하고 그를 인정하며 일으켜 세워주었다. 또한 그를 격려함으로 자신보다 뛰어난 사역자가 등장하는 모습을 기쁨으로 바라보며 박수를 쳐 주었다. 멘토는 그렇게 인정하며 격려하는 역할을 하는 사람이다.

✒ 당신은 주변에 도움이 필요한 사람들에게 적절한 멘토가 되어야 한다. 위의 세 가지 멘토의 유형에 따라 당신의 멘토가 필요한 사람들의 이름을 적어보라.

대면하도록 돕는 멘토, 스데반	
확인시켜 주는 멘토, 아나니아	
격려하며 함께하는 멘토, 바나바	

교회의 지도자라면 당신은 주변의 사람들의 영적 상태에 따라 맞춤식 멘토링을 해줄 수 있어야 한다. 만약 멘티가 없다면 그 이유는 무엇인지, 앞으로 어떻게 주변의 사람들에게 다가가 도움을 줄지 고민해보라.

균형 잡힌 멘토링 관계 형성

다음의 도표는 〈균형 잡힌 멘토링 관계 형성〉을 위한 네 가지 영역을 보여준다. 다음의 도표를 가지고 나눠보자.

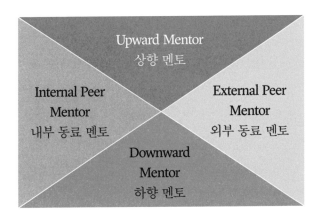

건강한 멘토링의 관계를 형성하기 위해서는 상향 멘토링(upward mentoring) 관계가 필요하다. 당신보다 많은 경험을 가지고 도움을 주는 멘토가 있는가? 당신을 아끼면서 당신의 인생에 아름다운 꽃이 피기를 원해 시간과 경험을 나누어주고 우산이 되어주는 그런 멘토가 있는가? 이런 좋은 멘토를 만나는 것이야말로 인생의 귀한 복일 것이다. 당신의 인간관계 속에 이런 상향 멘토링 관계가 있는지 살펴보라.

건강한 멘토링 관계는 좋은 멘토에게서 도움을 받는 것에 그치지 않는다. 나도 누군가의 인생을 귀하게 여기고 그들을 위해 도움을 주는 멘토가 되어야 한다. 이런 관계를 하향 멘토링(downward mentoring) 관계라고 한다.

당신이 받은 은혜와 누리고 있는 것들을 나눠주고, 그들의 잠재력을 보고 그것을 최대한 계발해주는 어떤 사람이 있는지를 살펴보라.

동료 멘토링(peer mentoring) 관계도 중요하다. 사람들이 어려운 일이 생길 때 가장 먼저 찾아가는 사람이 누구인가? 보통은 친구나 동료다. 마음속 깊은 곳에 있는 이야기를 털어놓을 수 있는 친구가 가장 가까운 관계다. 이런 친구 간에도 좋은 멘토링 관계가 이루어질 수 있다. 동료 멘토링 관계에는 나의 전문 분야에서 함께 일하는 내부 동료와 내 전문 분야를 넘어서 다양한 영역에서 나에게 도움을 줄 수 있는 외부 동료로 구분할 수 있다. 내부 동료는 같은 직장 또는 같은 사역을 하면서 서로 의지하고 도울 수 있는 장점이 있다. 반면, 외부 동료는 내가 미처 보지 못하는 다양한 관점에서 나에게 도전하며 균형을 잡아주는 장점이 있다. 같은 영역에서 일하는 사람들에게서 결코 얻을 수 없는 창조적인 관점의 조언을 얻을 수 있다.

🖊 다음의 <균형 잡힌 멘토링 관계 형성>을 위한 네 가지 멘토링 영역에서 당신의 관계를 분석해보라. 멘토와 멘티의 이름, 동료로서의 멘토의 이름을 적어보라.

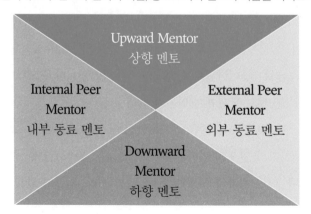

| 쓸 만한 도끼 한 자루 준비합니다

만약 각각의 영역에서 적을 이름이 생각나지 않는다면, 당신에게는 그 분야에 있어서 멘토링 관계를 계발할 필요가 있는 영역이 될 것이다.

효과적인 멘토링의 방편들

멘토링 관계를 맺고 누군가를 돕게 될 때, 내가 그 사람을 만든다고 생각하면 안 된다. 이미 그 사람들에게 하나님께서 만들어 놓으신 잠재력이 있다. 멘토로서 내가 하는 일은 그 잠재력을 발견하고 발휘할 수 있도록 안내해주고 자극을 주는 것뿐이다. 내가 사람을 만드는 것이 아니다. 미켈란젤로 부오나로티(Michelangelo Buonarroti)가 이런 이야기를 했다. 그가 조각을 하려고 준비한 화강암 속에 이미 그 형상이 있었고, 자기 자신은 단지 필요 없는 부분들만 깎아냈을 뿐이라고 한다. 무슨 말인가? 다른 사람들을 멘토링할 때, 내가 그 사람을 빚어가고 만들어간다는 생각보다는 그들이 이미 갖고 있는 잠재력이 활짝 꽃필 수 있도록 내가 옆에서 자극하고 안내하며 도와주는 역할만 하고 있다고 생각는 것이 좋다는 말이다. 그렇다면 이제 다른 사람들을 효과적으로 멘토링하기를 원한다면 어떻게 하면 될까? 효과적인 멘토링의 방법을 살펴보자.

첫째, 자료를 함께 나눠라.

당신이 책을 읽고 은혜받은 것이 있다면, 그 책을 멘티에게 빌려주어라. 당신에게 좋은 영향을 끼친 오디오나 동영상 같은 것들도 나누어 주어라. 책을 선물로 주는 것도 좋지만, 빌려주면서 숙제를 주는 것이 더 좋다. 멘티가 그런 자료들을 읽거나 본 후에는 식사나 차를 마시는 자리에 초대해 물어라. 그것을 통해 어떤 생각이 들었는지, 어떤 은혜를 받았는지, 어떤 도전을 받고 어떤 변화가 있었는지를 함께 나눌 자리를 만들어라. 그들의 삶 속에 역사하시는 하나님의 손길을 경험할 수 있게 될 것이다.

미국 내에는 빌리 그레이엄 이후에 존경받는 사역자가 있다. 찰스 콜슨(Charles Colson)이라는 사람이다. 그 사람은 원래 닉슨 대통령의 보좌관이었다. 요즘은 우리나라에도 별별 게이트가 많아 우리 마음을 힘들게 하지만, 이 게이트의 원조는 바로 닉슨 대통령의 워터게이트 사건이다. 당시 워터게이트 사건의 모든 죄를 뒤집어쓰고 감옥에 간 사람이 바로 찰스 콜슨이다. 그가 감옥에 갈 때만 해도 그는 그리스도인이 아니었다. 그가 감옥에 가 있는 동안 그의 친구들이 그의 회심을 위해 오랫동안 기도했다. 탐 필립스(Tom Phillips)라고 하는 그의 친구가 감옥에다가 책을 하나 넣어 주었다. C. S. 루이스가 쓴 《순전한 기독교》(홍성사)라는 책이었다. 찰스 콜슨이 감옥에서 그 책을 읽다가 주님을 만났다. 그는 감옥에서 나온 후 자신의 미래가 보장되어 있던 정계에 복귀하지 않고 감옥을 찾아다니면서 복음을 전하는 일을 시작했다. 후에 그가 쓴 책은 많은 사람들에게 공감을 불러일으켰고, 베스트셀러로 영향력을 끼치고 있다. 책 한 권이 사람의 인생을 뒤집어 놓았다. 우리가 나누는 자료 하나가 사람을 바꾸어 놓을 수 있다. 읽고 은혜받았던 책 한 권, 듣고 보며 은혜받았던 오디오나 동영상을 함께 나눠라. 그것을 가지고 함께 이야기를 하는 과정을 통해 우리는 사람을 키울 수 있다.

둘째, 네트워크를 연결해 줘라.

사람을 돕다 보면 그 사람이 가지고 있는 잠재력을 볼 때 자신의 한계를 넘어서는 경우가 있다. 내가 도와줄 수 없는 일들이 있다. 그럴 때에는 그에게 도움이 되는 좋은 사람을 연결해 주는 것이 필요하다. 멘티의 입장에서는 직접 찾아가서 만날 수 없는 사람이라 할지라도 멘토가 가지고 있는 영향력과 크레딧을 가지고 연결해 주면 가능할 때가 있다. 연결해주는 것으로도 사람을 키울 수 있다.

셋째, 경험을 함께 나눠라.

멘토 혼자서도 할 수 있는 일이다. 그러나 혼자서 하지 말고, 멘티를 포함시켜서 함께하라. 멘티에게 경험할 수 있는 기회를 제공하라는 것이다. 예를 들어, 멘토가 구역장 혹은 순장으로 섬기는 분들이 있다. 그런 위치에서 소그룹을 이끌어 갈 때에 혼자서 모든 일을 다 감당하는 것은 좋은 게 아니다. 가능성이 있는 누군가를 멘티로 삼고, 그들에게 기회를 주어라. 감기가 걸렸다든지 소그룹을 이끌기 어려운 빌미가 생겼을 때, 과감히 그들에게 기회를 주어라. 함께 경험을 나누고 기회를 주는 것이 멘토링의 좋은 방법이다. 강의를 할 때에도 혼자서 모든 강의를 다 하기보다는 어느 한 부분을 멘티와 함께 강의해보라. 강의 중에 실제적인 어떤 부분을 그에게 맡길 수도 있다. 멘티가 잘 할 수 있는 분야를 준비시켜서 그 부분만을 맡기는 것도 가능하다. 경험을 함께 나눌 때 사람이 커 간다.

넷째, 코치하라.

멘티가 하는 사역을 지켜보면서 그에게 조언을 하라. 멘티를 정기적으로 만나 그의 사역을 되돌아보며 피드백을 주는 것이 필요하다. 코칭을 이해하려면, 국가대표팀의 감독과 코치가 하는 행동을 관찰해 보면 알 수 있다. 감독이 선수를 선택하고 대화를 나눈다. 이후 평가를 통해 그들이 할 수 있는 최선을 끄집어낸다. 그들이 가지고 있는 문제점을 해결해주며, 필요한 모든 것들을 뒤에서 지원해 주는 것이다. 팀원들끼리 서로 존경하는 환경을 만들어주는 것도 좋다. 그러나 감독이 모든 선수들을 똑같이 대우하지는 않는다는 것도 명심하라. 그들의 특성에 따라서 적절한 대우를, 또 지속적으로 성장할 수 있도록 차등 평가하며 도전을 주는 것도 중요하다.

✒ 당신이 마음에 두고 있는 멘티를 위해 앞으로 1년 동안 그를 위해서 해줄 수 있는 일들이 무엇이 있는지 열거해보라. 균형 잡힌 멘토링을 위한 당신의 구체적인 계획을 세워보라.

위의 네 가지 방법을 적용해 구체적으로 적어보면 좋을 듯하다.

05
섬김의 리더십

너희가 나를 선생이라 또는 주라 하니 너희 말이 옳도다 내가 그러
하다 내가 주와 또는 선생이 되어 너희 발을 씻었으니 너희도 서로
발을 씻어 주는 것이 옳으니라 _요한복음 13:13~14

우리가 성만찬을 행하는 것처럼, 발을 씻기라는 주님의 말씀 역시 우리
가 실천해야 할 명령이다. 예수님의 뒤를 따라가는 제자라면, 마땅히 스승
이신 주님처럼 섬기는 삶을 살아야 할 것이다. 하나님 나라의 원리는 높은
자일수록 섬겨야 한다는 '섬김의 리더십'(Servant Leadership)이다. 그런데 문
제는 함께 서로를 격려하고 섬기겠다는 마음이 있어야 가능하다. 세상에서
가지고 있는 리더십처럼 담임목사가, 교회의 지도자가 군림하는 리더십을

가지고 있게 되면 옆에서 돕는 것이 쉽지 않다. 주님을 섬긴다는 마음으로, 섬김의 리더십이 있을 때에 팀 사역이 가능하다.

찰스 콜슨은 다음과 같이 말한다: "예수 그리스도의 지상에서의 생애는 빌린 구유로 시작해서 빌린 무덤으로 끝난다." 이는 예수님의 모습을 단적으로 표현하는 말이다. 이게 우리 주님의 모습이었다. 우리 영적 지도자들은 이러한 모습이어야 한다. 주님께서 제자들의 발을 씻기며, 내가 너희에게 모범을 보인 이유는 너희도 가서 이와 같이 하라고 말씀하셨던 것은 그냥 단순한 제안이 아니다. 해도 되고, 안 해도 되는 옵션이 아니다. 이것은 주님의 명령이다. 우리가 매번 성만찬을 하는 것처럼, 우리는 주님의 명령을 따라 서로의 발을 씻겨줘야 한다. 세족식이라는 의식이 중요한 것이 아니라 교회의 지도자로서 다른 형제·자매의 발을 씻겨주는 섬김의 리더십을 보여주어야 한다는 말이다.

그렇다고 섬김의 리더십이 자신의 인격을 포기하라는 말씀은 아니다. 섬김의 리더십에 대해서 이야기할 때마다 많은 분들이 오해를 한다. 섬김의 리더십을 강조하며 섬겨야 한다는 쪽으로만 강조를 하다 보면, 마치 자신의 인격을 완전히 포기하는 것처럼 이해한다. 교회의 지도자는 지도자다. 지도자 되는 것 자체를 포기하라는 이야기가 아님을 명심하라.

아버지께서 모든 것을 자기 손에 맡기신 것과 _요한복음 13:3

요한복음 13장 3절을 보면, 예수님께서는 자신의 정체성(identity)을 분명히 하고 있다. 하나님께서 모든 것을 자기 손에 맡기셨다는 것을 알고 있었다. 이것은 포기한 것이 아니다. 그 사명을 끌어안고 섬기는 자로 섰다는 뜻이다. 예수님께서는 자기 자신이 누구이고, 무엇을 해야 될지 분명히 이해를 하면서 종의 자리로 나아오셨다. 그분이 할 수 없어서 연약했기 때문에 비굴하게 종이 되신 게 아니라 모든 것을 쥐신 자로서, 능력이 있는 분으로서, 지도자로서 섬기는 자리로 스스로 내려갔다는 것을 우리가 놓쳐서는 안 될 것이다.

다스리는 자는 섬기는 자와 같을지니라_누가복음 22:26

또한 섬김의 리더십은 책임을 포기하는 것이 아니다. 예수님께서는 십자가에 못 박혀 돌아가시기까지 떳떳하고 꿋꿋하며 의연하게 자신의 사명을 완수하셨다. 누가복음 22장 26절을 보면, 다스리는 자는 섬기는 자와 같다고 말씀하신다. 지도자는 다스리는 자가 분명하다. 즉 지도자가 지도해야 되는 것 자체를 포기해서는 안 된다. 섬기는 리더십을 이야기한다고 마치 자기가 해야 될 일을 다 내려놓고, 주일에 성도들이 들어올 때에 성도들의 신발을 받아서 신발장에 넣어두고 뒷정리하며 쓰레기 청소하는 것이 종 된 섬김의 모습이라고 오해하는 분들이 있다. 그러나 그것이 아니다.

섬김으로 이끌고, 이끎으로 섬기라. 진정한 지도자는 섬기는 태도를 가지고 정말 사람들 앞에 군림하고 룰링(ruling) 하는 게 아니라 서번트(servant)답게 섬기는 모습으로 이끌어 가야 한다. 또한 내가 상대방을 가장 잘 섬기는 방법이 무엇인지도 생각을 해야 한다. 내가 상대방에게 불편함이 없도록 잘 해주는 것, 이게 지도자가 그들에게 제공해야 될 섬김의 핵심이 아니다. 더 중요한 것이 있다.

한 예로, 내가 의사라고 가정해보자. 의사가 섬김의 리더십을 가지고 환자를 대한다고 하면, 사람들은 아마 환자들을 존중하면서 대화도 잘하고 부드럽게 왜 이런 약을 써야 하는지 설명을 하나씩 해가며 대해야 한다고 생각할 것이다. 그러나 수술을 해야 하는데, 아무리 환자에게 친절하게 서비스를 잘해도 수술을 못하면 그건 좋은 의사가 아닌 것이다.

마찬가지로, 목회자가 성도들을 만났을 때에 정말 겸손하고 정중하게 존댓말을 써가며 친절하게 대해 줄 수 있다. 종의 리더십을 보여준다. 그러나 목회자로서 그들에게 제공해야 될 정말 중요한 하나님의 말씀으로 그들의 삶에 변화를 일으켜 주지 못한다면, 이것이 제공되지 않는 상태에서 성도들에게 친절한 모습으로 섬긴다는 것은 진정한 섬김이 아니라는 말이다.

아이언 사이더는 다음과 같은 이야기를 했다: "다른 사람들의 발을 씻기고자 하면 물의 온도에 신경을 써야 된다." 다른 사람들의 입장에서 생각해야 된다는 것이다. 그냥 섬긴다는 것 자체가 중요한 것이 아니라 상대방의 입장에서 그 사람들의 필요를 파악해 가면서 섬기는 것이 필요하다는 말이다.

1970년 로버트 그린리프가 《섬기는 리더십》(Servant Leadership)이라는 책을 쓰게 된 모티브를 제공해주었다. 그가 말하는 진정한 지도자란 한 마디로 사랑을 실천하는 지도자다. 사랑을 통해 조직을 융합하고 문제를 해결한다. 다른 사람을 돕고 섬기는 과정에서 자연스럽게 리더십을 발휘한다. 직

원들 위에 군림하기보다는 사랑과 헌신으로 공동체의 문제와 갈등을 풀어
간다는 차원에서 기존의 리더십과 차이가 있다.

　이러한 섬김의 리더십의 원조는 예수님이다. 요한복음 13장에서는 예수
님의 섬김이 잘 드러난다. 예수님께서는 선생으로 제자들의 발을 씻기기 위
해 소매를 걷어붙이고 제자들의 발 앞에 엎드리셨다. 그분은 자신을 스스로
사랑의 법에 얽어매어 놓았다. 그리고 자신을 기꺼이 주며 목숨으로 우리를
섬기셨다. 예수님께서는 자신의 사명을 '섬김'이라는 한 단어로 설명해 주
셨다.

　　　인자가 온 것은 섬김을 받으려 함이 아니라 도리어 섬기려 하고 자
　　　기 목숨을 많은 사람의 대속물로 주려 함이니라 _마태복음 20:28

　또한 예수님의 섬김은 자신이 낮은 신분이었기 때문에 억지로 하는 섬
김이 아니었다. 그분은 하나님과 동격의 권위를 가지신 분이다. 그럼에도
불구하고 높은 자가 낮은 자를 섬기는 모습을 보여주셨다. 바울은 이러한
예수님의 마음과 태도를 우리가 본받아야 한다고 강조하여 말한다.

　　　너희 안에 이 마음을 품으라 곧 그리스도 예수의 마음이니 그는 근
　　　본 하나님의 본체시나 하나님과 동등됨을 취할 것으로 여기지 아니
　　　하시고 오히려 자기를 비워 종의 형체를 가지사 사람들과 같이 되셨
　　　고 사람의 모양으로 나타나사 자기를 낮추시고 죽기까지 복종하셨
　　　으니 곧 십자가에 죽으심이라 _빌립보서 2:5~8

우리가 그리스도의 제자라면 마땅히 예수님의 섬기는 리더십을 배워야 한다. 만약 예수님께서 섬기시는 모습과 달리 대접받기만을 좋아하고, 높은 자리에서 누리기를 즐기는 지도자라면 예수님의 제자라고 말할 수 없다. 사람들은 자신의 지위나 칭호를 가지고 위세만 부리면 '~질'이라고 부른다. 제자를 향한 진정한 섬김이 사라진 가르침은 '선생질'이 되고 만다. 모범과 섬김 없이 소그룹을 이끌게 되면 '순장질'(구역장질)이 된다. 긍휼과 사랑이 사라진 목회를 하게 되면 '목사질'라고 손가락질을 받게 될 것이다. 때문에 우리는 순간마다 두려운 마음으로 자신을 돌아보아야 한다. '나는 예수님을 따라 섬김으로 사역하고 있는가?'라고 말이다.

🖋 직분자 훈련에서 가장 중요한 것은 예수님처럼 섬기는 리더십을 가져야 한다는 것이다. 자신의 정체성을 잃지 않으면서도, 올바른 서번트 리더십을 위해 당신은 어떻게 교회 공동체를 섬길지 다짐해보라.

섬김은 섬김에서 끝나야 한다. 위대한 섬김이 나의 또다른 감투가 되면 안 됨을 기억하라.

직분자로 쓰임받는다는 것은 정말 영광스럽고 귀한 일입니다. 그러기에 쓸 만한 도끼 한 자루 준비하는 것과 같이 꼼꼼이 정리하며 하나님이 쓰시기에 합당하게 준비되어야 합니다. 도끼머리의 크기가 용도에 맞는 것처럼 직분자로서 하나님 나라와 교회의 본질과 거기에 걸맞는 비전을 붙잡아야 합니다. 도끼의 날이 무뎌지지 않고 날카롭게 유지되도록 직분자에게 필요한 기술과 역량을 강화시키며 극대화해야 합니다. 그래서 최선을 다해 최상의 결과를 하나님께 올려드려야 합니다. 도끼머리의 무게가 스윙하기에 적당하게 무거워야하는 것처럼 예수님을 닮는 인격과 성품으로 무장되어야 합니다. 도끼머리에 제대로 꿰어져 맘껏 휘두를 수 있는 도끼자루처럼 좋은 관계 속에서 이뤄지는 리더십도 갖추어야 합니다. 어느 하나도 소홀히 할 수 없는, 직분자로 세움받을 때 중요한 요소들입니다.

그럼에도 불구하고 직분자로서 우리가 잊지 말아야 할 귀한 역석절 진리가 있습니다. 그것은 바울이 말한 것처럼 '약한 것이 강함'이라는 것입니다. 사도 바울은 자신에게 자랑할 것이 '약한 것'이라고 말합니다. 이런 면에서 직분자로 세움받는 우리 모두가 이 역설적 진리 앞에 겸손히 서야 할 것입니다.

여기서 바울이 말하는 약함이란 자기 몸의 질병일 수도 있고, 교회를 향한 지나친 염려일 수도 있습니다. 또 사역을 감당하기에 걸림돌이 되는 모든 장애물을 의미할 수도 있습니다. 그렇습니다! 우리에게는 환경이 주는 약함이 있을 수 있습니다. 사역을 하려고 할 때, 여러 가지 부족함과 약함으로 인해 주저앉을 때가 있습니다.

바울은 고린도후서 4장 7절에서 "우리가 이 보배를 질그릇에 가졌으니 이는 심히 큰 능력은 하나님께 있고 우리에게 있지 아니함을 알게 하려 함이라"고 말합니다. 여기서 말하는 질그릇은 요즘 우리가 사용하는 질그릇과는 다른 의미를 가지고 있습니다. 말하자면, 쓰다가 버리는 가치도 없는 일회용 그릇을 말합니다. 바울은 우리가 이런 존재라고 말합니다. 그런데 주님은 우리가 약함을 극복하는 것보다 우리의 약함을 통해서 역사하고 싶어 하십니다. 우리를 시험에서 안전하게 건져내시는 것보다 시험 가운데서 우리를 위로하시고 주님의 능력을 나타내 보이기를 원하시는 것입니다.

주님이 평가하시는 강함은 우리의 약함을 통해 나타납니다. 문제는 우리에게 약함이 있냐 없냐의 문제라기보다는, 그 약함이 어떻게 순기능으로 우리에게 작동하느냐는 것입니다. 고쳐야 할 우리의 약함이 우리의 부정적인 시각이나 게으름, 무관심이라면 뼈를 깎는 수고를 하더라도 딛고 넘어가야 합니다. 그러나 그것이 디딤돌이라면, 그 약함 속에 주님의 능력이 나타나도록 힘써야 합니다.

몇 년 전, 필립 얀시(Philip Yancey)가 한국을 방문했을 때 들려주었던 이야기가 아직도 제 마음에 감동으로 남아 있습니다. 그가 사는 동네는 미국 콜로라도에서도 아주 작은 에버그린이라는 도시입니다. 그곳에는 고등학교에서 조직한 소규모 오케스트라가 가끔 연주회를 한다고 합니다. 그런데 어느 해, 이들이 손을 대기에는 너무 벅찬 곡을 연주했죠. 바로 베토벤의 9번 교향곡 '합창'을 연주한 것입니다. 이 곡은 잘 아시겠지만, 조그마한 오케스트라가 소화할 수 있는 곡이 아닙니다. 때문에 그들의 연주는 아마도 그리 대단한 연주가 아니었을 것이라 짐작합니다. 베토벤이 악보에 그려넣고, 우리가 머리 속에 생각했던 음악과는 거리가 먼 연주였을 겁니다. 그들의 연주를 듣고서 베토벤이 형편없다고 욕해서는 안 됩니다. 하지만 중요한 것은 이 동네 사람들에게는 베토벤의 음악을 라이브로 들을 수 있는 유일한 기회였다는 것입니다. 비록 완벽하게 연주하지는 못 했지만, 이 동네에 사는 분들은 이들의 연주를 즐겼다고 합니다.

쓸 만한 도끼 한 자루 준비합니다

어쩌면 우리가 하는 사역이 이와 같지는 않을까요? 우리가 하는 교육, 찬양, 섬김 등 이 모두가 시골 동네 고등학교의 작은 오케스트라가 내는 소리처럼 어설프고 형편 없는 것일지도 모릅니다. 그러나 놀라운 사실은 하나님께서는 우리 같은 사람들을 들어서 지금까지 일해오셨다는 것입니다. 질그릇과 같은 우리를 들어서 하나님 나라를 위해 일하게 하셨습니다.

그러므로 두려워하지 마시기 바랍니다. 실력이 없다고 주저앉지 말기를 마랍니다. 실수했다고 그 자리에 퍼져 있지 않기를 바랍니다. 그런 질그릇을 들어서 역사하시는 하나님을 바라볼 수 있기를 바랍니다. 그분이 우리에게 맡겨주신 보배를 볼 수 있기를 바랍니다. 우리의 질그릇에 집중하지 말고 그 안에 우리가 소유하고 있는 보배에 초점을 맞추고 사역하시기를 바랍니다. 우리 모두 언젠가 주님 앞에 서게 될 때 주님으로부터 "잘했다. 착하고 충성된 종아!"라고 칭찬 듣는 직분자들이 되기를 바랍니다.

쓸
만한
도끼
한
자루
준비합니다